JN046419

# 教職教養 憲法15話

〔改訂五版〕

加藤一彦著

THE CONSTITUTION OF JAPAN

北樹出版

# はしがき

　本書は、大学において教職課程必修の「日本国憲法」を履修する人のために書かれている。1セメスター2単位科目が通例であろう。文科系、体育系、理科系にかかわらず、教員免許を得るには日本国憲法を学ばなければならない。

　日本国憲法が必修である意味を考えたことがあるであろうか。日本の国家の仕組みぐらいは知っておかなければならないのは、ひとつの理由である。しかし、教壇に立つ教師にとって必要な憲法的知識は、それだけに尽きるのではない。人権感覚をもっていなければ、黒板を背にした生活をしてはならないという基本的約束が教師に課せられているからである。

　教師は生徒の鑑であることが求められるが、それは私生活をきちんとするというよりも、常に社会における不正、不平等、弱者への配慮を忘れてはならない態度を教師が身をもって生徒に伝えることが要求されているからである。近代憲法が保障する人権は、多数派の中で小さくなっている人たちにとって最後の切り札である。これを受け止め、少数派の人たちへの眼差しを向け続けること、この視線力を教師が身につけることこそが、日本国憲法を学ぶ根本的理由である。

　私は、教師になろうという人たちへ人権の意味を問いかける意図をもって本書を書きあげた。そのため、本書の多くを人権論に当て、政治構造の部分は思い切って省略したところもある。本書を通じて各人がさらに憲法学に興味をもったなら、「ブックガイド」、「憲法学習参考文献一覧」（巻末）で列挙した書物を利用しさらな

る学習をお勧めする。諸君が自己研鑽を進め、教職への夢が叶うことを切にお祈りする。

　最後に、妻幸子は原稿整理のほか、癖のある文章に修正を施してくれた。また北樹出版／古屋幾子さんは、貴重ないくつものご指摘を下さった。ユーザーの視点からの2人の女性の繊細なご助力に心より感謝の意を表したい。

　2009年2月20日

領修の誕生日に<br>加 藤 一 彦

## 改訂五版　はしがき

　本書を出版してから、およそ14年がたつ。この間、数回にわたり改訂版を出版してきた。今回の改訂では、新規判例と法令を追加し、また説明不足の所を補い、地方自治の章を大幅に書き改めた。また、参照文献の点検を行い、文献の入れ替えをした。

　21世紀がどのような時代になるのか。最初の30年間が勝負だと考えていた。この20年余の世界の動きを見ると、立憲主義、民主主義、法の支配は、ポピュリズムの挑戦を受け、さらには国際平和の構築は、ウクライナへのロシアによる戦争犯罪によって大きく傷ついたと思われる。その治療法は、どこにあるのだろうか。おそらく日本国憲法の中核原理である「個人の尊重」を各人が再認識し、自己の内なる敵と格闘する過程にあると思われる。

　本書が、日本国憲法を学ぶ誠実な学生に、さらなる知力を与えることを願っている。

　2023年7月1日

湯河原の風来坊にて<br>加 藤 一 彦

# 目　次

教職教養憲法15話

# 凡　例

1．判例略語

| | |
|---|---|
| 大判＝大審院判決 | 民集＝最高裁判所民事判例集 |
| 最大判＝最高裁判所大法廷判決 | 集民＝最高裁判所裁判集民事編 |
| 最大決＝最高裁判所大法廷決定 | 刑集＝最高裁判所刑事判例集 |
| 最判＝最高裁判所小法廷判決 | 高民集＝高等裁判所民事判例集 |
| 高判＝高等裁判所判決 | 高刑集＝高等裁判所刑事判例集 |
| 高決＝高等裁判所決定 | 下民集＝下級裁判所民事判例集 |
| 地判＝地方裁判所判決 | 下刑集＝下級裁判所刑事判例集 |
| 地決＝地方裁判所決定 | 行集＝行政事件裁判例集 |
| 支判＝支部判決 | 判時＝判例時報 |
| 家審＝家庭裁判所審判 | 判タ＝判例タイムズ |
| 簡判＝簡易裁判所判決 | |

判例中における年月日、法令の条数などは、算用数字を用いた。

2．法令略語

法令略語は、『ポケット六法』（有斐閣）巻末所収の「法令名略語」に原則として準拠した。

第1話

# オリエンテーション
## 法の世界への誘い

## ① 人間社会

「人間は社会的動物である」(アリストテレス) という格言を聞いたことがあろう。その意味するところは、人間は必ず人為的な世界、つまり人間が作り上げた現実社会でしか生きることができない特異な生命体であるという意味である。

人間社会は生物の生きる環境とは大きく異なる。生物は生殖を繰り返すことにより、個体維持と種の保存をその宿命とする。もちろん人間も生物の一種であり、そうした営みは共通する。しかし人間社会は動物的世界とは異なり、人知によって自然社会とは区別された空間で生きている。たとえば、生殖ひとつにしても、文明社会では結婚という制度によって夫婦関係が意識的に作られ、夫婦間の性の営みを他者から保護し、夫婦の間にできた子についても他の子とは異なった特別な地位を与えている。それぞれの人間社会は、多くの諸制度を抱え込み、それを現実の世界としている。天変地異はすべての生物にとって等しく影響を受けるが、人間社会では人間の所作による影響は決定的である。裸のあるいは生の人間空間など存在していない。

人間社会にはそれ固有の制度がある。それは場所と時間によって異なる。太古の原始時代にも人間社会があり、言葉を通じて何

らかの定めを決めて生活していたであろう。では、現代社会はど
うであろうか。諸君は20年近く生きて来たからすでにわかってい
るであろう。この現実の社会は諸君たちに様々な要求をしてきた
はずである。「勉強しろ」、「努力をしろ」などなど。もし諸君が
ミツバチであったら、DNA によって定められた仕事さえすれば、
ハチの世界の自己完結的な一生を送ることが約束されたはずであ
る。しかし、人間社会では約束された生はない。すべて人は多く
の人為的諸条件の中でのみ自己の人生を生きて行かなければなら
ない。

### ② 社会規範と当為

　この人間社会の人為的諸条件のひとつが**社会規範**と呼ばれる当
為（ought, sollen）の世界である。当為というのは「何々であるべ
きである」という今の現実世界とは異なる別の世界を意味する。
たとえば「戦争はなくすべきである」という言葉は、多くの人の
願いでありひとつの理想を指し示している。しかし、現実の人間
社会には戦争は常にある。となれば「戦争はなくすべきである」
との文意は、現に存在する人間社会の現状を写すものではなく、
もうひとつ別の世界を指示する表現であることがわかる。

　人間社会の複雑性に応じて社会規範も多様にあるが、これをグ
ループに分けてみるとわかりやすい。社会規範の代表級は**道徳**で
ある。道徳は人間社会の最も重要な善悪の判断基準である。人間
社会がこれまで築き上げてきた人間の英知の結集が道徳である。
「人を殺してはならない」、「人のモノを盗んではならない」、「家
族を大切にせよ」などの道徳規範はどの社会にも妥当する。

　人間生活を営む上で、遵守した方が何かと便利な**習俗**（習慣）

も社会規範のひとつである。たとえば、日本では「土足で家に上がってはならない」、「温泉に入るときは、体を洗ってから入浴せよ」との社会規範は、多くの日本人が守っている掟である。習俗は道徳とは異なり、普遍性をもっていない。別の社会であれば、土足で家に入ることは当たり前であるし、靴を脱ぐ方がかえって失礼になるときもある。つまり習俗は、道徳とは異なり普遍的な正しさを内包しておらず、特定の社会の多くの人が何となく遵守している掟である。

　習俗に近いものとして**礼節**（礼儀・エチケット）も社会規範のひとつである。これは人間関係を円滑に進める上で、特に自己の利益を考慮して遵守している社会規範である。たとえば、「世話になった人には、礼状を書くべきである」、「相手がお辞儀をしたら、こちらもお辞儀をすべきである」、「教授室を訪ねるときは、事前にアポをとるべきである」という類である。

　社会規範の中で一種独特な地位を占めているのが**宗教**である。日本社会においても宗教は決定的に人の行動に影響を与えているというと、若い人は違和感を覚えるであろう。特定の宗教団体に属する熱心な信者は少ないからである。しかし宗教心がない者にとっても宗教規範は無視できない。たとえば、「葬儀に出席するときは、黒の服装をすべきである」という教えは、各人がどのような宗教団体に属しようとも、多くの人にとって遵守されるべき行動規範であろう。赤いネクタイを締めて出席する者は、死者のみならずその宗教団体に対しても冒瀆的であると思われても仕方がない。

　一方、特定宗教団体に属している人にとっては、その宗教上の戒律は最高の規範である。ここに宗教者のジレンマが発生する。というのも、神・仏など絶対者に帰依すればするほど、他者との

日常生活、場合によっては国の法との衝突が発生するからである。その衝突をどのように調整するかの問題は、後述する宗教的寛容の課題である（第5話参照）。

　以上、社会規範の種類を紹介したが、それぞれの社会規範を遵守していれば良き社会は実現できるであろうか。それは絶対不可能である。道徳、習俗、礼節、宗教的戒律を遵守すれば、万事うまく行くほど人間社会は単純ではない。

## ③　社会規範としての法

　法とは何かを考える場合、参考になるのがゲームのルールである。9人でやる野球には、実に細かなルールが定められている。打者がヒットを打ち「俺の趣味で三塁に直接行く」といったら諸君はどう思うであろうか。かれの行為を道徳、習俗などの規範で批判するというよりも、「おまえは野球をしに来たのではないのか。野球をしたいのであれば、ルールぐらい守れ」というであろう。9人×2ティームの小さな社会にもルールが必要である。いや、2人でやる将棋にもルールがある。このルールの存在はゲームが成立する絶対条件である。つまりゲーム＝ルールであり、ルール無しのゲームは土台あり得ないのである。

　このことは社会にも妥当する。道徳、習俗などの社会規範だけでは社会は機能しない。社会の構成員全員が良識をもち、良識を働かせても駄目であろう。というのも、良識では処理できないことが社会には存在しているからである。たとえば、AがBに対して「100万円貸してくれ。来年の私の誕生日に必ず返すから」という約束が書面で行われたとしよう。現在が、2023年4月1日であり、Aの誕生日が4月10日だとする。この約束では、100万円

の返済日は2023年4月10日である。Bが当日、Aに対して「返済日が来たから、100万円返せ」といったところ、Aは「俺は、4月10日の夜23時に生まれたから夜中にまた来い」といったら諸君はどう思うであろうか。

「時間まで律儀に主張するAは立派である」、「誕生日はその日という意味であるから、時間は気にする必要がない」、「4月9日23時59分を経過すればいいのだから、Bは24時に取りに行かなければならない」など多くの意見が錯綜するであろう。だからこそ、時の計算方法をルールとして決めておかなければならない。つまり時間の計算の仕方、誕生日つまり満年齢の算出方法は、各人の良識に任せていては齟齬が生じるので、ルールとして定めておかなければならない。

時間という単純なことさえもルールが必要であると聞けば、この複雑な現代社会には様々なルールが不可欠であることは理解できるであろう。そうしたルールは社会の秩序と一体化した社会規範である。これが法である。特定の時代、特定の場所における秩序を作り出し、これを維持していくのが、社会規範としての法の存在意義である。

ここに法の本質のひとつがある。法とは各人の外にある他律である。これに対し、道徳は各人の内面の良心から派生する自律である。法が他者によって定められ、しかも人間の行為を律するという意味で法は外面性をもつといわれる（逆に道徳は内面性をもつといわれる）。

加えて法には道徳とは異なった特質がある。それは法規範に違反した場合と道徳規範に違反した場合の結果の差違である。法に違反すれば罰せられる。それはトランプ・ゲームでルール違反をすれば、「一回お休み」という罰が加えられるのと同じである。

　しかし道徳規範への違反はどうであろうか。たとえば「車内で老人に席を譲るべきである」という道徳規範に違反したＡがいるとしよう。Ａをみて「あいつはアホだ」という視線を受けたとしても、Ａは何とも感じない。Ａの友人Ｂが「お前な、年寄りには席を譲るもんじゃないの？」といえば、Ａは恥じ入ることもあるかもしれない。ただどの場合にも、Ａに罰は与えられることはないだろう——天罰は下るかもしれないが。

　この例からわかるように、法規範への違反とは「あるべき世界からの逸脱」の現実化であり、法は「あるべき世界への回復」を求め、強制力をもって「あるべき世界の実現」を図ろうとする。「あるべき世界」を強制力により実現を図るのが法のもうひとつの本質である。道徳には法規範のような他者による強制力は働かず、自己の良心の芽生えを待つしかない。

　このように法と道徳には、第一に、外面性と内面性の相違、第二に、強制力の有無という違いがある。とはいえ、これは一応の目安でしかない。というのも、法も人間の内面に深く関与しているからである。たとえば、間違って人の足を踏んだ場合と、わざと人の足を踏んだ場合とは法的評価は異なる（前者は過失、後者は故意）。さらに法の本質である強制の度合いも法によってまちまちである。たとえば、第９話で勉強する憲法25条のような社会保障に関する分野では、一定の法条文が国の努力目標規定と解される場合が多く、こうした法規範は強制力が欠如している。

　法と道徳は別物ではあるが、切り離して考えることはできないであろう。法の存在根拠が道徳に裏付けられるとき、法は最も強い形で遵守される可能性をもつ。刑法の分野では法と道徳が一致する場合が多い。「人を殺してはならない」という道徳規範は、「殺人罪」（刑199条）という法規範と一致するからである。しかし刑

法は道徳を法規範としているだけではない。たとえば、公務員が民間業者からカネを受け取り、便宜を提供すれば、収賄罪（刑197条）となる。確かにカネで公務の仕事を買うことは道徳的に許されないといえるが、民間業者同士の場合にはこの刑法は適用されない。リベートあるいはバック・マージンは業界どこでもあるからである。

　法と道徳の関係は複雑である。違いもあるし同じ側面もある。現在まで、両者をはっきり分ける仕切はまだみつかっていないし、おそらくこれからもみつからないであろう。というのも、人間社会がその空間で生きている人間の幸福の条件を「あるべき価値」として設定し、追い求める限り、人間は自分自身で当為の世界を新たに作り出すと同時に、社会が各人に新たなる当為を課していくからである。その意味で法と道徳は相互作用的関係をこれからも維持し続けるであろう。


## ④　法の学び方

　法は社会規範のひとつでしかない。講義中、私語をする愚か者Aがいたとする。隣の学生が注意したら、「しゃべっちゃいけないという法があるのかよ」と反論した。諸君はどう考えるであろうか。かれの悪事が法規範に違反することはないのだから、罰を加えることはできない。では、これは許される行為であろうか。

　これは法の問題ではない。マナーの問題である。これから学ぶのは法である。法は普通人を対象にしている。というのも、法は普通人ならば遵守できる程度のことしか求めていないからである——普通人ではなかなか守れないのが法以外の道徳、マナー、エチケットの類である。マナーの習得は人間力の問題である。

　学問にはそれ固有の作法が必要である。こと法学では、専門用語が難しい。そこで割り切ってこう考えた方が良い。法学の勉強は外国語の習得と同じである。

　日本語の法文を法的言語で再翻訳することを**法解釈**という。たとえば「他人の財物を窃取」(刑235条) することは法規範、道徳規範の点からも許されない行為である。では、「財物」とは何であろうか。諸君の今もっている本、ノート、鉛筆は「財物」でありそうだ。では、ノート自体ではなく、ノートに書かれている「情報」は財物であろうか。隣の人が諸君のノートを盗み見て「情報」を受け取ることは、窃盗罪に該当するであろうか。法学のほとんどは、こうした解釈を展開する法解釈学である。

　法解釈学とは、特定の言葉を現代社会で了解されている言語意味を踏まえて、法学の世界の言語に置き換える作業である。そうなると当然2つの道具が必要である。ひとつは法文を書き写している『六法全書』であり、もうひとつは『法律学辞典』である。英語を初めて勉強したときには、英文が書かれている『教科書』と中学生でも使える『英和辞典』を用意したであろう。法律学の勉強を始める人は、この2つだけは用意しておこう。

　では、これから法学の中の「憲法」の勉強に入ろう。最初は誰もが同じスタートラインに立っている。少しずつでも勉強を継続していけば、法律学は難しいと感じなくなる。「普通の人でも守れるのが法である」と先ほどいったが、法律学は普通の人が努力をすれば必ず習得できる学問である。

**Book Guide ●**

伊藤正己／加藤一郎『現代法学入門〔第4版〕』(有斐閣、2005年)

後藤昭『〔新版〕私たちと裁判』(岩波ジュニア新書、2006年)

利谷信義『日本の法を考える』(東京大学出版会、1985年)

ホセ・ヨンパルト『法哲学で学んだこと』(成文堂、2008年)

第2話

# 憲法と日本国憲法

## １ 憲法の概念

### １．国家と憲法 ∽∽∽∽∽∽∽∽∽∽∽∽∽∽∽∽∽∽∽∽∽∽∽∽∽

　憲法という言葉は、「憲」＋「法」という２つの漢字から成り立っている。両者とも訓読みでは「ノリ」である。「ノリ」の読みをするその他の漢字は、「則」、「典」、「範」、「規」、「矩」などワープロ変換でいくつも出てくる。それら「ノリ」はすべて「宣／のっとる」という言葉から派生している。「のっとる」は「従う」あるいは「模範としてならう」という意味である。憲法は「ノリ」を表す「憲」と「法」を２つも使っているのであるから、「ノリの中のノリ」という語感がある。実は語感だけではなく、憲法は「ノリの中で一番大切なノリ」というのが基本的意味である。

　一番大切なノリである憲法とは、国家の根本法をいう。国家の根本法としての憲法は、国家の最も大切な骨格を約定したものである。国家である以上、領土、人の存在、これらを治める統治権（主権）の３つが不可欠である**（国家三要素説）**。憲法はそうした国家の骨の部分を表記した法文書である。たとえば、国王がいる国家、独裁者が支配している国家、国民が主役の国家、これらは国家であることは共通しているが、その国の骨格は随分違うはずである。その骨格を表しているのが憲法である。その点、憲法を英

語では constitution、ドイツ語では Verfassung というが、これらの本来的意味は「構造／形」である。「憲法」の用語はこれらの言葉を明治時代に翻訳したのであるが、正確に訳せば「国制」、「この国の形」である。しかし国家の形を「憲法」（ノリの中のノリ）と訳したのも間違っているとはいえない。というのも、「この国の形」は「ノリ」の形式で表すのが一般的だからである。

## 2．憲法規範の意味

　国家があれば必ずその骨格はある。これを法文書に表したのが憲法であり、したがって国家と憲法とは不可分一体である。「それぞれ国家にはそれぞれ固有の憲法がある」という意味で憲法の用語を使うとき、これを**固有の意味の憲法**という。

　これに対して、憲法の意味を限定して使う場合がある。それは近代立憲主義の時代とともに始まった。フランス人権宣言16条は「権利の保障が確保されず、権力の分立が定められていないすべての社会は、憲法をもたない」（1789年）と定めている。当時のフランス人は「①権利保障、②権力分立制（三権分立制）の2つが憲法に書かれていなければ、たとえ自分が憲法をもっているといっても、そんなモノは憲法とは呼べない代物だ」と考えたのである。ここに憲法概念のひとつの転換がある。近代市民革命をいち早く経験したフランスは、憲法＝「国家の根本法としての憲法」＋「権利保障と権力分立制を定めているもの」と捉えたのである。こうした新たな憲法概念を**近代的意味における憲法**という。

　18世紀の近代市民革命後に制定された憲法は、本来であれば、フランスのような近代的意味における憲法として出発すべきだったのであろう。しかし、歴史的に市民革命を経験し得ず、「上からの近代化」を進めたドイツ・プロイセンの憲法（1850年）は、

近代的意味における憲法のうわべだけを真似て制定された。権利
保障も権力分立制も君主の権限を侵さない限りという制限を課し
ていたため、フランス憲法とはかなり異質であった。こうした近
代的憲法の外観だけを真似した憲法を**外見的立憲主義的憲法**という。
もちろん、大日本帝国憲法（明治憲法／1889年）は、プロイセン憲
法を導入したので、外見的立憲主義的憲法の一種である。日本が
フランス的憲法をもつのは、日本国憲法制定（1947年）からである。

## ３．憲法規範の特質

　一国の法秩序はピラミッドの形をとる。憲法は頂点に立つ。こ
れを最高規範としての憲法という。憲法が最高規範であることか
ら、自ずと憲法は２つの特質をもつ。①**授権規範性**と②**制限規範
性**である。

　憲法の授権規範性とは、憲法は自らの力で別の法規範を定立す
る能力があるという意味である。憲法44条本文は「両議院の議員
及びその選挙人の資格は、法律でこれを定める」と規定している。
これは、憲法自体が選挙人の資格などを定めることができるが、
憲法より下位にある法律によって定めることを憲法が許容してい
ることを表している。つまり憲法は法律に法の内容の定立を許容
しているのである。この両者の関係性を授権規範性という。

　憲法の制限規範性とは、憲法によって授権された法律は憲法の
枠内において定立されるという意味である。憲法44条但書では「但
し、人種、信条……によって差別してはならない」と定めている。
この法文は、憲法が選挙人の資格等を法律に授権しつつ、その
授権内容に憲法的意図の制限をかけることを表している。憲法を
頂点としながら憲法より下の各法令は、それぞれの法段階につい
て常に上位規範と下位規範との間に授権／制限の関係性を保って

いることに留意しておこう。

## 4．憲法の分類 ∞∞∞∞∞∞∞∞∞∞∞∞∞∞∞∞∞∞∞∞∞∞∞∞∞∞

　世界には現在、約200の国がある。国家があれば必ず憲法があるため、憲法の数は国と同じである。約200の憲法を眺めてみても、特定国の憲法の特徴はつかみにくい。特徴をはっきりさせるひとつの方法が分類である。分類するためには明確な仕切がなければならない。これまで伝統的分類として3つの指標がよく利用されてきた。(1)法形式による分類、(2)憲法制定権者による分類、(3)憲法改正手続の難易度による分類である。

　(1)法形式による分類は、一国の憲法が成文憲法か不文憲法かによって識別する分類方法である。**成文憲法**（written constitution）とは、国家の根本法としての憲法が「憲法典」という法形式を備えているものをいう。これに対し、**不文憲法**（unwritten constitution）とは「憲法」という法形式で法典化されていないものをいう。今日多くの憲法は、「XX国憲法」という法形式を備えており成文憲法である。不文憲法の代表例としてイギリスが有名である。

　(2)憲法制定権者による分類は、憲法は誰によって制定されたかに着眼した分類方法である。その分類視点は次の4小項目にさらに分けられる。

① 　**欽定憲法**：憲法制定が君主主権にもとづき君主によって行われたものをいう。大日本帝国憲法がその代表例である。

② 　**民定憲法**：憲法制定が国民主権にもとづき国民によって行われたものをいう。日本国憲法のほか、多くの民主主義国家の憲法がその例である。

③ 　**連邦憲法**：連邦制をとっている国家において、各州の合意によって統一的な連邦の憲法を制定する場合にみられる。ア

メリカ合衆国憲法がその例である。

④ **協約憲法**：欽定憲法と民定憲法との中間的性格を有し、君主と国民代表組織体との妥協的な協定によって制定された憲法をいう。1830年のフランス憲法が歴史的に有名である。

(3)憲法改正手続の難易度による分類は、成文憲法を改正する場合に、通常の法律の改廃手続に比べてその手続が加重されているか否かに着眼した分類方法である。通常、憲法改正は法律の改正よりも慎重にする必要があるため、憲法条文の中に厳格な改正手続を定めている場合が大半である。そのような厳格改正手続を有する憲法を**硬性憲法**（rigid constitution）という。これに対し、憲法改正手続が法律の改廃手続と同一なものを**軟性憲法**（flexible constitution）という。

　以上、憲法の外観から識別できる憲法の分類を紹介してきたが、これらの分類は今日ではあまり有用ではないという批判が出されている。たとえば、日本国憲法を例にとれば、日本国憲法は、(1)成文憲法であり、(2)民定憲法であり、(3)硬性憲法であると分類できるが、しかしこの分類群に約200の憲法中ほとんどが属してしまうからである。これでは分類をしてもまず意味がないだろう。そこで現代的分類も構想され始めている。現代的分類の着眼点は、たとえば、(1)政党制の発達の度合い、(2)中央政府と地方政府との関係性、(3)人権保障の実効性など、実際の憲法にもとづく政治のあり様を仕切役にするのである。しかし、この分類の場合、観察者の主観が入りやすく客観性をどのように保つかが難点として指摘されている。

## ② 日本国憲法の特質

### 1. 大日本帝国憲法から日本国憲法へ ∞∞∞∞∞∞∞∞∞∞∞

　明治維新後、急速に近代化していった日本は多くの学問を西欧から取り入れた。法律学も西欧諸国、特にドイツ、フランスからの影響が大きかった。中でも憲法制定は、「上からの近代化」を進めていたドイツのプロイセン憲法から直接的影響を受けている。

　1889年に大日本帝国憲法は制定されたが、この憲法は外見的立憲主義憲法の特質をもつ。というのも、天皇主権の下、権力分立は名目的であり、人権保障に関しては「臣民権利義務」（18条─32条）として「法律ノ範囲内」において臣民の権利が国家より付与されたにとどまるからである。日本が近代立憲主義的憲法をもったのは、第二次世界大戦の敗戦後、アメリカ占領軍の指導の下で構築された日本国憲法制定からである。

　ここで日本国憲法制定の歴史を通観しておこう。1945年8月14日、日本政府はポツダム宣言を受諾し、連合国に対し無条件降伏をした。日本政府は、**総司令部（GHQ）**の最高司令官**マッカーサー**の示唆により憲法改正作業を自発的に始め、同年10月25日に国務大臣松本烝治を委員長とする**憲法問題調査委員会**を発足させた。当時の法学系エリート集団を結集した同委員会は、1946年2月8日に憲法改正案をGHQに提出した。しかし、この松本案は大日本帝国憲法の一部を修正した程度であり、(1)天皇主権の維持、(2)議会権限の拡大化、(3)大臣の対内閣責任制の明記、(4)臣民の権利の拡充が図られた位であった。

　松本案は、すでに2月1日付けの毎日新聞紙上にスクープされ、マッカーサーはこの原案を知ることになった。2月4日、マッカーサーは、憲法改正は日本政府では行うことができないと判断し、

直ちに「マッカーサー三原則」を GHQ に提示した。以後、2月13日までに GHQ 内において日本国憲法の原案が作成されていく。同日、GHQ は先の日本政府の憲法改正要綱（松本試案）を拒否し、総司令部案を提示し、日本政府はこの案を下に翻訳作業を開始し、3月6日、「憲法改正草案要綱」を国民に公表した。この改正案は、大日本帝国憲法73条の手続を経て、日本国憲法として1946年11月3日に公布され、翌5月3日より施行された。

　憲法制定過程において2つのことを指摘しておこう。第一に、日本国憲法はマッカーサーによって作られた「押しつけ憲法」であるという批判である。歴史的経緯をみると、GHQ の指導下で憲法が作られたのは事実である。しかし、なぜ「押しつけ」が行われたかを冷静に分析する必要がある。結論的にいえば、当時の日本政府が新国家の憲法を制定する能力をもっていなかった事実が重要である。敗戦後の新国家樹立の段階に至っても、天皇主権にこだわり、「国体護持」を最大の関心事としている日本政府はあまりにも滑稽ですらあったろう。

　また別の視点からすると、GHQ の憲法構想には日本人の意思が明確に入っていることも忘れられてはならない。特に**鈴木安蔵**（憲法学者）を中心とした憲法研究会の憲法構想は、直接的に GHQ の憲法作成作業に影響を与えている。

　第二に、日本国憲法が旧憲法の改正手続により新憲法として制定されたという法理上の問題がある。大日本帝国憲法の改正手続を踏まえれば、どんな内容の改正も可能であろうか。旧憲法に定める天皇主権を憲法改正を経て国民主権へと転換することが、法理上可能か否かの課題である。通説によれば、この転換は法理的には説明できないと捉え、両憲法の間には法的連続性はないとみる。そこで国民主権の成立根拠を日本政府がポツダム宣言を受諾

した点に求め、これ以降、旧憲法に定める天皇主権が否定された
と解釈している。ポツダム宣言受諾が1945年8月にあったことか
ら、**8月革命説**が提唱された（丸山眞男／宮沢俊義）。もちろん革命
といっても、それは法的意味における両憲法の切断性を意味する
説明概念であって、政治的な革命が日本で生じたのではない。

## 2. 日本国憲法の三大原理

　日本国憲法には3つの重要な原理がある。(1)国民主権（主権在民）、
(2)基本的人権の尊重、(3)平和主義である。

　**(1) 国民主権**　　主権には3つの意味がある。すなわち、第一
に統治権、第二に国家権力の最高独立性、第三に国政に関する最
終的政治的決定権である。主権概念は、封建領主や神聖ローマ帝
国に拮抗して君主の政治支配を正統化するために生み出された歴
史的政治概念である。

　国家がこの世における最高の政治権力を有することを国家主権
という。現在、約200の国家は主権国家として存在しているが、
最高の政治権力である主権を各国がもつという意味は、それぞれ
の国家は独立し対等な関係性を有するところにある。

　国家に主権が帰属する場合、さらにこの主権を誰が有するかに
よって君主主権と国民主権の2つに大別できる。君主に主権があ
る場合には、国政は君主によって最終的決定が行われる。国民主
権の場合、国民が最終的決定権をもつが、国民自身が常時、政治
に関与することはできないため、政治権力の行使は議会を介在し
て行われる。したがって国民主権を採用する憲法の下では、国民
代表の名の下に議会が設置され、議会中心的政治が行われる。

　**(2) 基本的人権の尊重**　　人権（human rights）とは、人間は人間
であるという理由だけで尊重されるべきだという自然法思想から

由来した法概念である。旧憲法では、人権は憲法上認められておらず、もっぱら国家によって承認された「臣民の権利」が恩恵的に人々に付与されていた。だが現憲法は、人権を前国家的価値をもつと捉え、国家の使命はこの人権を保障することにあるとする立場にたっている。個別的人権保障は、憲法10条〜40条において定められている（第4話以降参照）。

**(3)　平和主義**　　日本国憲法は世界的にも希有な徹底した平和主義を採用している。憲法9条のタイトルは「戦争の放棄」であり、日本は二度と戦争には関与しないことを確実にするために、9条において武力の行使・威嚇を禁じ、交戦権も否定している。

　昨今の憲法改正論において、国連主導型の武力行使については日本も積極的に協力すべきだとの見解もあるが、現憲法は一切の武力行使を禁じているため、国際協力という大雑把な名目で自衛隊を活用することは憲法上、不可能である（第11話参照）。

**Book Guide ●**

大石眞『日本憲法史〔第2版〕』（有斐閣、2005年）

古関彰一『日本国憲法の誕生〔増補改訂版〕』（岩波現代文庫、2017年）

長谷部恭男『憲法とは何か』（岩波新書、2006年）

樋口陽一『「日本国憲法」まっとうに議論するために』（みすず書房、2006年）

第3話

# 人権の設計図

## ① 憲法上保障される基本的人権

### 1. 人権概念

　日本国憲法は第3章において詳細な人権規定を設けている。その中で憲法11条〜13条及び97条は人権の総則的規定であるが、人権を「基本的人権」（fundamental human rights）と表記している。基本的人権と人権との間には差違はない。また、ドイツ系の国法学では人権を基本権（Grundrecht）と呼ぶが、今日では人権と基本権との間にさほどの差違はない。

　人権は、生まれながらにしてもっている権利という意味で生来的権利といわれる。この考え方はイギリスの思想家 J・ロックの自然法思想から由来している。かれの主著『市民政府論』（1690年）によれば、人間は国家がない空間において、自由に豊かに等しく自己の生を享受していたという話から始めている。誰もが差別されず自己の労働に応じて財産を獲得し、豊かな生活を享受している自然状態の中で、各人は等しく自然権をもちこれを行使していると描いている。ここでいう**自然権**（natural right）とは、「当たり前の権利」という意味である。人間が人間だからこそ動物とは異なり、社会規範を遵守し平和に暮らしているという当たり前の状態の中で、当たり前の正当な権利主体者として存在している

のである。

　しかし、この自然状態はいつかは闘争状態へと変化する。というのも、人間社会には必ず強欲で人の自然権を取り上げ、自己の利益だけを求める支配者が登場することによって、各人の自然権は当たり前ではなくなり、ジャングルの掟が妥当する社会へと劣化するからである。そこでロックは、この自然状態の人間の諸権利を維持し続けるために、各人は契約を締結して国家の設立に同意し、その国家の使命を各人の自然権保護にあることを文書で確認する必要があると唱えた。つまり、ロックにあっては国家は人間が自己の自然権を保護するために人為的に作った人工物であり、国家は自然権保護のためにのみその存在が許されると考えたのである。だからこそ国家が逆に各人の自然権を壊す側に立ったときには、各人は国家設立契約を破棄し、自然権保護を確約する新国家を作るべきだと唱えたのである（革命権の保障／アメリカ独立宣言〔1776年〕参照）。

　以上のロックの物語からすれば、国家と人権との関係は次の様に指摘できる。国家は人工物であること、国家は各人の当たり前の権利（生命、自由、財産）としての自然権を守るために各人が同意して作られた点である。そのことから人権の特性が確認できる。⑴普遍性、⑵固有性、⑶不可侵性、⑷永久性である。

　普遍性とは人間であれば誰もが人権保障の主体となるという意味である。固有性とは、人権は国家によって与えられた権利ではなく、前国家的権利であるという意味である。不可侵性とは、国家は性質上、人権を侵す側に立ち得ないという意味である。最後の永久性とは、人権は人間が生存している限り、当然もっている権利であり、私法上（民法など）の権利とは異なり時効によって消滅することはあり得ない権利であると同時に、人権は次世代ま

で継受される権利だという意味である。

## 2．人権の種類

　憲法が保障する基本的人権は、18世紀の啓蒙的人権思想の時代以降、重畳的に増え続けている。20世紀中期に制定された日本国憲法は各時代に人類が獲得してきた人権の多くを自己に導入している。人権を学ぶに当たっては、人権を歴史的な視点で分類することが重要である。

---

**平等権**：法の下の平等（14条）

**自由権**（18世紀的人権／国家からの自由）

①　精神的自由：思想・良心の自由（19条）、信教の自由（20条）
　　　　　　　　　表現の自由（21条）、学問の自由（23条）

②　経済的自由：職業選択の自由（22条）、財産権の保障（29条）

③　人身の自由：奴隷的拘束の禁止（18条）、
　　　　　　　　適正手続きの保障（31条）、（33条〜39条）

**社会権**（20世紀的人権／国家による自由）

　生存権（25条）、教育権（26条）、労働権（27条・28条）

**国務請求権**：請願権（16条）、国家賠償請求権（17条）、
　　　　　刑事補償請求権（40条）、裁判を受ける権利（32条）

**参政権**：選挙権の保障（15条）

---

## 3．人権保障の主体

　憲法が保障する人権は、日本国内にいるすべての人を対象としている。「人」の「権利」であるから、動植物は人権の対象ではない。当然のように思われるかもしれないが、そう割り切れない側面がある。たとえば、環境権を考えてみよう。人間が環境権の侵害を理由に森林開発を差し止めることは法理上可能である。そ

の際、環境権の主張内容は、木々や森で暮らす生き物と人間との共存こそが人間の良き環境を保全することだという点にある。木々や動植物は「私を切らないで。殺さないで」という主張をしているかどうかはわからない。しかしもしかれらにも「人権」主体性を認めたとしたら、どうなるだろうか。木も法廷に立つことが許されるなら……。しかし、現時点の人間の文明は、動植物に「人権」を与える段階には至っていない。同じように自己認識可能なロボットにも「人権」はまだない。

　人権保障は人間固有の課題である。この日本にいるすべての人たちが対象である。その中で特異な階層の人たちがいる。天皇・皇族である。この人たちの人権保障はどう考えたらよいであろうか。フランス革命の成果として人権宣言が発せられたが、その際、「王様の人権」は全く考察外に置かれていた。日本国憲法の下で、現在、皇族は「生まれながらにして不平等にも皇族」として存在している。DNAによって運命づけられている。私たちは――既存の皇室典範によれば男性は――絶対に皇族の一員になることはあり得ない。DNAによって私たちは「皇族となる身分」をもって生まれていないからである。そのような「高貴な」人たちの憲法上の人権保障の範囲を論ずるのは、非生産的であろう。天皇・皇族の人権論は、憲法上の権利の問題ではなく、天皇・皇族の制度自体の課題である。というのは、憲法上の人権論の真価発揮は、人間社会において差別を受けている少数派の人たちに向けられているからである。

## ② 人権主体と範囲

### 1．日本国籍の取得 ◇◇◇◇◇◇◇◇◇◇◇◇◇◇◇◇◇◇◇◇◇◇◇◇◇◇◇◇◇◇

　憲法10条は、「日本国民たる要件は、法律でこれを定める」と規定する。日本国民たる資格であり、同時に人権享受のスタートラインに位置する**国籍**（nationality）は、国籍法が定めている。国籍法2条1号によれば、「出生の時に父又は母が日本国民であるとき」に、その子は出生により日本国籍を取得する。このようなどの国籍の親から生まれたかを重視する国籍決定の方法は、**血統主義（属人主義）**と呼ばれる。日本の国籍法は、父母を等しく扱うことから、**父母両系血統主義**を採用している（1984年改正法。従前は父系血統主義であった）。これに対し、出生場所によって国籍が与えられることを**出生地主義（属地主義）**という。国籍法は、例外的に同3号において「日本で生まれた場合において、父母がともに知れないとき、又は国籍を有しないとき」に、出生による国籍取得を認めている。また、同法4条は**帰化**による外国人への日本国籍の取得を認めている。

　日本国籍を有し、同時に他国の国籍をもつ者を**重国籍者**という。重国籍者に対し、一方の国籍を放棄させ本拠地の国籍保有だけを求める場合がある。国籍法14条1項は、20歳未満の者に対しては22歳までに、20歳以上の者は重国籍者となったときから2年以内に、いずれかの国籍を選択する定めを置いている。しかし、現代の国際社会において重国籍を排し、一国籍だけに限定する必要性は減じている。世界的潮流は、重国籍を認める傾向にある。今後、外国人の日本定住が進み、日本国籍保持者と婚姻し、出産することが多くなろう。その場合、子が重国籍になる可能性は著しく高い。重国籍を排する国籍法14条1項は、その際には新たな人権侵

害を与える原因となろう。

## 2．外国人の人権保障 ～～～～～～～～～～～～～～～～

外国人とは日本の国籍をもたない者をいう。日本で生活するにあたって、日本国籍の有無は、法律上の扱いの違いを受ける。

外国人の日本における法的地位・生活実態を把握しなければ、どのような人権が外国人に適用されるべきか否かを論じても無意味である。まず、第一に外国人を分ける必要がある。外国人といっても観光などで日本に１週間程度しかいない旅行者がいる。留学生、日本支社勤務などで年単位で滞在する人たちもいる。さらに日本で生まれ育ったが国籍は外国籍という永住外国人（定住外国人）、在日アジア系の人たちもいる。第二に、憲法の人権条項のどの部分が外国人に保障されるべきかという個別的な課題もある。その組み合わせで外国人の人権保障を個々具体的に論じることが重要である。「外国人」として十把一絡げにして、外国人の人権を論じても非生産的である。

憲法の人権条項が外国人にも適用されることは一致している。では、どの条項が適用されるであろうか。かつては人権条項の法文において「国民」と「何人」とが使い分けられていることに着眼して、「国民」＝日本人、「何人」＝日本人＋外国人と捉えていたこともあった。法文を基準にして外国人の人権適用を考えるという意味で**文言説**といわれた。しかし、憲法22条２項のように「何人」を外国人と読み替えては説明がつかない条文もあるため、この学説は今日否定されている。通説・判例は**権利性質説**である。最高裁判所は「憲法第３章の諸規定による基本的人権の保障は、権利の性質上日本国民のみをその対象としていると解されるものを除き、わが国に在留する外国人に対しても等しく及ぶ」と判示

し、権利の性質によって外国人の人権保障を場合分けして論じる必要性を明らかにしている（最大判昭和53年〔1978年〕10月4日民集32巻7号1223頁／**マクリーン事件**）。

　権利性質説をとった場合、確かに文言説よりは権利保障の範囲は広いといえそうである。しかし、権利性質の把握の仕方によって、人権保障の範囲は異なる。それが争われる2つの場面がある。第一に、**外国人の公務就任権**であり、第二に**外国人の地方参政権**である。前者に関し、国は「公権力の行使または公の意思の形成への参画には日本国籍が必要」とする「当然の法理」を主張してきた。国家公務員法・地方公務員法には日本国籍要件が定められていないが、この欠落部分を「当然の法理」で穴埋めするという発想である。しかし、行政部門の公務という名の仕事は多様である。「公権力の行使・公の意思形成」という大雑把な文言によって、外国人を一律に排することは不可能である。地方公務員については、今日、日本国籍要件をはずす地方自治体も出てきている。現在、国家公務員試験についてはすべて国籍要件が必要であるが、地方自治体の中では国籍要件を緩和しているところもある。とはいえ、国籍要件をはずしたとしても、いわゆる管理職につくことは困難な状況である。たとえば、東京都の課長級管理職選考試験について外国籍の保健師の受験資格は認めないという決定につき、最高裁判所は合憲判断を下している（最大判平成17年〔2005年〕1月26日民集50巻1号128頁）。

　第二の地方参政権については、現在まで外国人には一切認められていない。最高裁判所は、永住資格をもつ外国人が居住する地方自治体の首長・地方議会議員選挙について「選挙権を付与する措置を講ずることは、憲法上禁止されているものではない」と判示し、立法改正によって永住外国人の選挙権付与は可能だと判断

している（最判平成7年〔1995年〕2月28日民集49巻2号639頁）。おそらく憲法93条2項には「住民」という文言が定められており、外国人も地方自治体の「住民」である点を踏まえ、憲法上、地方参政権から外国人を排除する必要性はないと捉えているのであろう。外国人参政権付与法は、ここ数年間国会で審議されているが、早急な立法的解決が望まれる。

### 3. 法人の人権

　法人とは個人の集合体で法律上、法人格を付与された団体をいう。たとえば、学校法人や民間会社などがその例である。憲法は、個人の人権を対象にしているが、個人の集合体である法人も個人と同じように人権を享有できるであろうか。この点も、外国人の場合と同様、権利の性質によって人権享受性を捉える権利性質説が通説・判例である（最大判昭和45年〔1970年〕6月24日民集24巻6号625頁／**八幡製鉄事件**）。確かに憲法の人権規定の主語を「法人」と置き換え、人権の性質上、法人に人権を認めるのが不都合である場合にはこれを認めず、逆に不都合がない場合には認めるという発想は一理ある（憲法15条の選挙権保障規定は法人には適用されないが、憲法22条の表現の自由は適用されてもよいという見方）。

　しかし、個人の人権を多く保障すれば、それだけ幸福の条件は増加するはずだという進歩的発想が人権の享有主体の数の場面でも当てはまるかは疑問である。というのも、法人は個人を上回る力をもっている。たとえば「個人」対「学校法人××大学」との関係では、大学がいつも強者の立場に立つ。このとき大学が学生によって人権侵害を受ける図式よりも、一人ひとりの学生が大学によって人権侵害を受ける図式が通例であり、その際、個人と大学とを同じ土俵の上で人権論を闘わせたら、まず個人たる学生は

不利な立場に立つであろう。そう捉えてみると、法人の人権を認めることが場合によっては強者を助けることにもなるため、法人の人権を簡単に認めるわけにはいかない。この問題は、次に言及する**社会的権力論**と関係する。

## 4．憲法の人権規定の範囲 ◇◇◇◇◇◇◇◇◇◇◇◇◇◇◇◇◇◇◇◇◇◇◇

　法は２つに区分できる。公法と私法である。「公権力の優越的意思の発動形式」を定めているのが公法であり、市民社会の対等な当事者間において適用される私的自治のルールが私法である（私法の例として民法、商法）。憲法は、個人と国家との関係を定めている公法のひとつである。つまり憲法が保障している人権は個人であり、その相手方は国家である。国家によって個人の人権が侵害され、またそのおそれがあるとき、憲法の特定条文をどのように解釈したら個人を救済することができるかを問うのが、憲法人権論の神髄である。しかし、人権の敵は国家のみならず社会に生息している企業、宗教団体、大学さらには個人の場合もある。そうした社会に存在する要素が個人の人権を侵害した場合に、「これは憲法の問題ではない」といえるだろうか。

　個人と社会的諸要素との間において憲法の人権条項が適用できるか否かという課題は、憲法学では人権の**私人間効力**と呼ぶ。私人間といっても個人たる私人と私人の問題だけでなく、私人と社会に存在する諸要素全部を含めた概念である。

　憲法の私人間効力については、３つ学説がある。(1)無効力説（無適用説）、(2)直接効力説（直接適用説）、(3)間接効力説（間接適用説）である。

　(1)無効力説とは、私人間には憲法の人権条項は適用されないという立場である。したがって私人間の人権侵害問題は、基本的に

は私法の課題として解決を図ろうとする。(2)直接効力説は、それ
とは逆に憲法の人権規定を直接適用できるという立場である。(3)
間接適用説は、憲法の人権規定を私法の一般条項を通じて適用す
る立場である。通説・判例は(3)である。たとえば、最高裁判所は
**三菱樹脂事件**（最大判昭和48年〔1973年〕12月12日民集27巻11号1536頁）、
**昭和女子大事件**（最判昭和49年〔1974年〕7月19日民集28巻5号790頁）
において「民法1条、90条や不法行為に関する諸規定の適切な運
用」によって私人間の憲法上の諸権利を再解釈する立場を明らか
にしている。

　通説が間接効力説を支持しているのには、次のような事情があ
る。憲法は個人と国家とを規律する公法であり、国家権力が個人
の権利を侵害したときには、個人救済のための憲法的権利論が展
開される。しかし、私人間の場面で個人 vs. 社会的権力（企業・大
学など）という図式をとる場合には、いきなり憲法で人権論を闘
わせるよりも、まずは社会に棲息しあう個人 vs. 社会的権力とい
う図式にストレートに適用可能な私法での解決が模索される。つ
まり、私法の一般条項の利用や私法の原則である私的自治の論理
で解決が求められる。

　その上で、社会的権力の側が個人を凌駕する実態に鑑みて、私
的自治への憲法的修正が行われる。その際に、社会的権力のあり
様・実態さらには私人への関与の仕方に応じて、憲法の人権条項
を利用して私法の一般条項の意味内容を広げ、強者である社会的
権力を統制するために私的自治の修正が行われる。そこでは、憲
法における人権の意義を私法において再解釈する手法が行われる。
つまり私的自治を尊重しながらも、憲法的価値の実現が社会的領
域までに広げられ、これによって、私的な社会空間における憲法
的正義の実現を目指していくのである。

　比喩的にいえば、民法1条、90条、709条というロゴが入っているゴム風船の中に憲法の一定条項をガスとして入れ、個人 vs. 社会的権力の法的紛争の中にゴム風船を登場させるわけである。外観的には民法1条、90条、709条が問題解決をしているようにはみえるが、その実質は風船をふくらませた憲法的価値による法的解決が目指されているとみえる。

　ただし、間接適用説をとった場合には、憲法のガスをどの程度充塡化させるべきかが別個大きな問題となる。入れすぎればパンクをしてしまい、少なすぎれば、風船は高く昇ることはないからである。

## 5．傾向企業

　最後に私人間効力問題については、複雑な課題がある。一定のイデオロギーによって運営されている傾向企業（マスメディア、政党、宗教団体、私立学校）の場合には、当初より、構成員の思想同調が求められている。その場合、構成員に対する傾向企業による統制は、純然たる私企業の場合とは大きな差がある。たとえば、採用時に思想信条を聞かれ「貴社の報道姿勢よりも、他社の報道姿勢を支持します」と答えられれば、いくら当該志願者が優秀であろうとも、この人物を採用することは困難が伴う。というのも、同一なイデオロギーを共有化し得ない人物を採用すれば、会社のアイデンティティーの確保が難しくなるからである——自由民主党の事務員採用時に、学力優秀であっても共産党支持者を採用できないのは当然であろう。

　教員採用時に政治信条、支持政党、宗教団体への帰属を聞かれることはない。もし教育委員会がそんなことをすれば、思想信条による差別問題が発生し、ストレートな公権力による人権侵犯事

件となる。私立学校の場合においては、当該私立学校の教育方針と親和的な人物を採用するという限りにおいて、信条問題を聞かれることがあろう。但しその質問内容が不適切であれば（心の内奥にある教育方針とは異質な踏み絵的質問）、ここで勉強した憲法の私人間効力問題の見本となる法的事例となろう。

**Book Guide ●**

奥平康弘『憲法Ⅲ』（有斐閣、1993年）
近藤敦『外国人の人権と市民権』（明石書店、2001年）
田中宏『在日外国人〔第3版〕』（岩波新書、2013年）
樋口陽一『国法学 人権原論〔補訂〕』（有斐閣、2007年）

第4話

# 法の下の平等

## ① 法の下の平等と平等の意味

### 1. 平等の意味 ◇◇◇◇◇◇◇◇◇◇◇◇◇◇◇◇◇◇◇◇◇◇◇◇◇◇◇◇◇◇

　平等概念は法の本質に属する。古今東西、不平等は不正義と同義語であり、法学はこの世における正義の実現のために今日まで平等な世界を築き上げる目的で自己展開してきた。法の世界で平等が憲法上の権利までに高められたのは、18世紀になってからである。たとえばアメリカ独立宣言（1776年）は「われわれは、自明の真理として、すべての人は平等に作られ」と宣言し、フランス人権宣言（1789年）1条が「人は、自由かつ権利において平等なものとして出生し、かつ生存する」と定めている。

　日本では、明治期に平等思想が早くも導入され、明治啓蒙思想家／福沢諭吉が『學問のすゝめ』（1872年）の中で「天ハ人ノ上ニ人ヲ造ラズ人ノ下ニ人ヲ造ラズト云ヘリ」と語ったのはあまりにも有名である。しかし、明治憲法は平等思想を受容しなかった。公務就任権について「均シク文武官ニ任セラレ及其ノ他ノ公務ニ就クコトヲ得」（旧憲19条）と定めるだけであり、法の下の平等を人権として扱う条文は存在していなかった。

　これに対し、現憲法はくどいほど「平等」、「等しい」、「同等」の文言を各条文に入れている（14条・16条・24条・26条・44条但書）。

これは旧憲法における差別に対する反省の結果である。特に憲法
14条は、平等を憲法上の人権たる平等権として保障し、すべての
権利行使の場面において差別の禁止を定めている。

## 2．正義としての平等 ∘∘∘∘∘∘∘∘∘∘∘∘∘∘∘∘∘∘∘∘∘∘∘∘∘∘∘∘∘∘∘∘∘∘∘∘∘∘

　平等とは何か。それは法哲学の永遠の課題である。古代ギリシ
ャのアリストテレス（前384—322）は、「法の目的はこの世におけ
る正義の実現である。では、正義とは何か。それは平等であるこ
とだ。では平等とは何か」と自問した。アリストテレスは、平等
を2つの類型に分けて説明している。ひとつは**均分的正義**、もう
ひとつは**配分的正義**である。均分的正義とは、すべてのものを同
じ値にすること、つまり天秤ばかりを例にとれば、左右が均衡す
る状態に置くことによって均等性を保つことが平等と捉える。均
分的正義は、現在の言葉では形式的平等あるいは絶対的平等とい
う。この平等観が平等の基本線である。

　もうひとつの配分的正義とは、「等しき者には等しいモノを、
等しからざる者には等しからざるモノを配分」することによって、
天秤の均衡性を保たせようとする平等観である。配分的正義は、
実質的平等、相対的平等ともいわれる。配分的正義は個人の何ら
かの属性に着眼し、その属性に応じて比例的に配分することで「正
しさ」を求めようとする。たとえば、「所得に応じて課税する」
累進課税の根本は「カネを人より多く稼いだ者は、多くの税金を
納めるべきである」という世間の正義感と合致する。というのも、
カネを稼ぐことができたのは、通常、本人の努力だけではなく、
国家による安全な取引ができるような空間提供があったからであ
る。だからこそ受益者は国家にその利益の一部を返却すべきなの
である。

　現代社会はこのアリストテレスの図式に従いながら平等＝正義を実現しようとしている。人々の「機会の平等」を出発点にしながら、実質的平等としての条件の平等、さらには結果の平等を求め、天秤の均衡性を追求している。とりわけ今日重要な視点は、少数派の意見をより拡大視してみる発想である。**アファーマティブ・アクション（積極的差別是正政策）**のように、従来差別を受けていた者・集団を国家が引き上げることによって、実質的平等をかれらに提供することが人権保障の実質化には不可欠である。しかし、この適用場面を間違えれば逆差別の問題も発生する。これは現代法哲学の最も困難な課題のひとつである。興味のある人は、是非、ロールズの『公正としての正義論』から勉強してみよう。

### 3．平等条項の適用範囲

　法律がすべての人に等しく適用されることによって、法の下の平等は実現される。これを**法適用の平等（立法者非拘束説）**という。もし一定の人・集団に限って法律が適用されないならば、それは特権を生み出してしまう。もっとも法律が等しくすべての人に対し適用されるだけでは、平等は貫徹できない。法の下の平等条項の第二番目の意味は、法律自体の平等をも要求している。ある法律がすべての人に等しく適用されても、法律自体に差別を生み出す構造があれば、結果的に不平等が発生する。法律自体の平等は、法律を作る国会＝立法者に憲法14条の枠をかぶせるという意味で**立法者拘束説**という。つまり、憲法14条は平等な法律を作ることを立法者に命令しているとみるのである。この視点は、立法者のそのときどきの多数によって、平等概念を動かしてはならず、より高次の憲法が要求する平等概念によって国政が行われるべきことを反映している。

## 4．憲法上の平等

　憲法14条1項は「すべて国民は、法の下に平等であって、人種、信条、性別、社会的身分又は門地により、政治的、経済的、又は社会的関係において、差別されない」と定めている。人種以下の5つの事由による異なった扱いは差別を発生させる代表級であり、憲法はこれを例示的に列挙している。その他にも差別事由がある。たとえば、世界人権宣言2条及び国際人権宣言B規約2条では「皮膚の色」、「言語」を理由にした差別を禁止している。憲法が禁止している差別とは、基本的には先天的事由による異なった取り扱いである。「生まれ」によって決定された物事は本人の努力では解決し得ないからである。そこで憲法14条1項は、絶対に差別してはならない事由を明記し、それに加えて先天的事由による差別も許さないという立場に立っている。

　さらに、憲法14条は、平等の一般条項であり、先にあげた5事由＋先天的事由以外による異なった扱いについても、差別視できる場合にはこれを禁止しているとみられる。たとえば、個人の後天的属性のひとつである財産についていえば、財産による異なった取り扱いは課税分野では合理的区別として認められよう。しかし課税が厳しすぎる場合には比例的合理性はなく、不平等が発生する余地がある（年収1億以上の者に90％の所得税を課する場合）。また財産による異なった取り扱いが課税分野、経済的分野ではなく、政治的意思形成分野において行われる場合には、合理的区別とは言い難いであろう。たとえば、国会議員に立候補するのにあたり、年収1000万円未満の者はその資格がないとするのは、富裕層と貧者との典型的差別だといえるであろう。憲法44条但書は、「選挙人の資格」＝「有権者」につき、「財産又は収入」による差別を禁止しているのは、憲法14条の補完的な差別禁止を表し、財産に

よる区別の限界点を示している。

　例示的列挙とされている 5 つの事由について説明しておこう。

　**人種**とは人類学的に識別される人間の種類である。人種の特徴として皮膚の色が代表的であるが、それ以外の要素もある。日本ではアイヌ民族差別が従来より問題視されている。主に北海道地域に住んでいる先住民であるアイヌ民族に対しては、「北海道旧土人保護法」が適用されていた。しかしこの法律はすでに名称において差別的表現を含むことから、現在では「アイヌ文化の振興並びにアイヌの伝統等に関する知識の普及及び啓発に関する法律」（1997年）にとって代わられた。日本は単一民族と考えている者も多い中、先住民の存在が法的に認められた意義は大きい。人種差別、民族差別に関する条約として人種差別撤廃条約がある（批准／1996年）。

　**信条**（creed）とは、本来、宗教的信仰を意味していたが、今日ではそれに加えて人生観・世界観、政治的主義も含めて理解されている。そのため政治信条による区分論が実社会ではよく問題となる（第 3 話の三菱樹脂事件参照）。

　**性別**とは男女の区別をいう。いわゆる第三の性が現代社会の課題である。人が人として尊重される憲法13条の原則からすれば、性に関わる一切の異なった取り扱いは差別といえる。なお、女子差別撤廃条約が締結され、日本政府はこの条約の批准後（1985年）、男女雇用機会均等法の制定（1985年）、男女共同参画社会基本法（1999年）の制定など、女性差別の是正に取り組んでいる。しかし、後述する判例にみられるように女性差別の事例は数多い。

　**社会的身分**とは、原則として出生によって決定される社会的な地位・身分を指す。人間が社会において一時的に占める地位までを含めることができるかは疑問である。たとえば、組織における

任期のある役職が社会的身分であるとは言い難いであろう。基本的には、出生事由のほかに、社会において個人の通常な努力では脱却できないような継続的地位を含むとみるべきであろう。たとえば、中国残留孤児に対し「中国で生活していたこと」を理由による異なった取り扱いは、差別そのものである。

　**門地**とは家柄を指す。門地の主たる対象は華族・貴族である。華族・貴族制度は憲法14条2項によって存在そのものが否定されている。したがってここでいう門地とは、現代にも残存している「生まれ」に関わる諸事情すべてを指す概念である。「お里が知れる」という言葉があるが、これは人の「生まれの善し悪し」を指す言葉であり、門地による差別的表現の一種である。


## ２　判例の動向

### 1．尊属殺重罰規定違憲判決

　この判例は憲法裁判の内、ベストワンの判決である（最大判昭和48年〔1973年〕4月4日刑集27巻3号265頁）。本件は実父との間に性的関係をもち、数人の子までも生み育てていた女が、この関係を清算するにあたり実父を殺害し、尊属殺人（刑旧200条）で起訴された事例である。最高裁判所は、憲法史上初めて、憲法14条に刑法旧200条は違反し違憲無効であると判示した。憲法81条の違憲立法審査権が初めて発動された事例である（違憲審査制については第14話参照）。

　最高裁判所大法廷（定員15名）は、14（違憲）対1（合憲）で違憲判断を下したがただ違憲の理由づけは2つに分かれた。14名中8名は、**立法手段違憲説**、6名は**立法目的違憲説**である。前者の考え方によれば、尊属殺を普通殺よりも厳重に処罰することは許容さ

れつつも、「加重の程度が極端であって……立法目的達成の手段として甚だしく均衡」を失しているために、違憲であると捉えている。つまり、目的と手段の関係性において尊属殺が普通殺の刑法199条に定める法定刑に比して著しく不合理なほど差別的な重罰である点を問題にしたのである。

　これに対し後者の立場によれば、人の生命は同価値であることを出発点に、尊属殺と普通殺を分け、尊属殺を重罰化すること自体が憲法14条 1 項に違反すると捉えている。基本的には立法目的違憲説が正しい。なお、刑法200条は1995年の刑法改正によって205条 2 項（尊属傷害致死罪）とともに削除された。


## 2．非嫡出子相続分規定違憲判決　◇◇◇◇◇◇◇◇◇◇

　民法旧900条 4 号但書によれば、相続につき非嫡出子（正式な夫婦間の子は嫡出子といい、これ以外の子は非嫡出子という）は嫡出子の相続の 2 分の 1 と法定されていた。最高裁判所は、現行民法が法律婚主義を採用しており、法律婚の尊重と非嫡出子の保護の調整として法定相続分を非嫡出子の場合は嫡出子の 2 分の 1 とすることは、立法府の合理的裁量判断を超えてはいないと判示したことがあった（10対 5 ／最大決平成 7 年〔1995年〕 7 月 5 日民集49巻 7 号1789頁）。しかし本件多数意見には学説上、批判が多く出されていた。主たる批判は、①非嫡出子という出生の特性は本人の責任ではないこと、②憲法13条の「個人の尊重」、24条 2 項の「個人の尊厳」を憲法原理とするところでは、個人の出生にかかわる属性による区別は著しく不合理であることが指摘されている。

　その後、同種の事例において最高裁判所は、従来の判例を変更し、「父母が婚姻関係になかったという、子にとっては自ら選択ないし修正する余地のない事柄を理由としてその子に不利益を及

ぼすことは許されず、子を個人として尊重し、その権利を保障すべきであるという考えが確立されてきている」（全員一致／最大判平成25年〔2013年〕9月4日民集67巻6号1320頁）と判示し、民法当該規定を憲法14条1項に違反とする法律違憲判決を下した。

　事実婚によって出生した子に対する法的差別は、日本ではその他の分野でもみられ、早急なる全面的な法改正が不可欠である。「子には責任がない」という当たり前のことが実現されなければならない。

### 3．女性再婚禁止期間規定の違憲判決

　民法旧733条1項は、「女は、前婚の解消又は取消しの日から6箇月を経過した後でなければ、再婚することができない」と定めていた。男性はその規定は適用されず、離婚後直ちに婚姻をすることができた。女性のみに180日の**再婚禁止期間**が設けられているのは、女性が妊娠し子を産む特性から、父性の混同を防止し、子の出生時点で父性を特定する必要があるからである。最高裁判所は、従来より再婚禁止規定を合憲と判断してきた（最判平成7年〔1995年〕12月5日判時1563号81頁）。しかし、女性のみに再婚禁止期間を定めることは、法の下の平等に反するという学説が従来より主張されていた。というのも、妊娠の有無は今日の医学では、180日を要せず、同時に女性が現に生活を共にする男性（将来の夫）との生活実態からすれば、父性の混合は回避できるからである。

　最高裁判所は、従来の判例を変更し、再婚禁止期間の180日について「100日超過部分は合理性を欠いた過剰な制約」と判断し、当該法律規定を違憲と判断した（最大判平成27年〔2015年〕12月16日民集69巻8号2427頁）。この違憲判断を受けて、民法733条1項は、「女は、前婚の解消又は取消しの日から起算して百日を経過した

後でなければ、再婚をすることができない」と改正され、再婚禁止期間の短縮がはかられた。その後、民法の家族法は2022年に大幅に改正され、2024年4月施行の改正民法では、女性の再婚禁止期間規定（民733条）は廃止されることとなった。これによって、男女ともに再婚にあたっての同一法条件が整備された。

また民法772条も「妻が婚姻中に懐胎した子は、当該婚姻における夫の子と推定する。女が婚姻前に懐胎した子であって、婚姻が成立した後に生まれたものも、同様とする」と改められた。この規定によって、離婚後300日以内に生まれた子は、前夫の子ではなく、現在の夫の子と推定されるようになった。この改正は、妊娠している女性が夫のDVから逃れ、別の男性と生活を共にしている場合、夫との連絡をとりたくないために、あえて子の出生届を出さないことを防止するために行われた（子の無戸籍状態の回避）。


### ③ 憲法と新たな家族観

憲法24条1項は、「婚姻は、両性の合意のみに基いて成立し、夫婦が同等の権利を有することを基本として、相互の協力により、維持されなければならない」、同2項「配偶者の選択、財産権、相続、住居の選定、離婚並びに婚姻及び家族に関するその他の事項に関しては、法律は、個人の尊厳と両性の本質的平等に立脚して、制定されなければならない」と定めている。

憲法24条は、国家の下請け装置としての家父長的家族主義を解体する役割が期待され、戦後しばらくの間、そのような機能を果たしてきた。一方、「個人の尊重」を基本にすえていけば、「家族保護」概念自体に懐疑の目が向けられる。憲法が作る「公序」の下の「公序的家族観」と個人の契約として成立する「私的自治的

家族観」とは、対立する局面がある。

　憲法が依って立つ人権観は、家族の個々の「個人の尊厳」の保護のために、憲法24条に基づく「家族」を捉え直すことにつながる。

　まず、家族を作る前の個人の性の決定が、個人の尊厳と不可分に結びついていることが出発点である。出生時の性について、本人が違和感を持つ**性的マイノリティー**の人たち（LGBTQ+）の「性の決定の自由」の保障が問題となる。**性同一性障害特例法**（2004年）3条4・5号は、性別の取り扱いの変更にあたって「生殖腺がないこと又は生殖腺の機能を永続的に欠く状態にあること」、「その身体について他の性別に係る身体の性器に係る部分に近似する外観を備えていること」を要件としている。つまり性適合手術をした18歳以上の者が性の変更の申し立てができる。しかし、本人が多額の手術費用を負担し、自己の身体を傷つけることを求めるこの法律上の手段が、許容できるかは疑問である。最高裁判所は、「性別変更前の生殖機能によって子が生まれれば、親子関係の問題が起きて社会に混乱が生じる」という理由で本規定を合憲とした（最判平成31年〔2019年〕1月23日裁判所HP）。しかし、補足意見が指摘するように「手術を受けるかどうかは本来、自由な意思に委ねられるもので、違憲の疑いが生じている」と見るのが適切である。今後、生殖機能除去の要件は、過剰規制との判断が下されよう。

　次に、**同性婚**の課題がある。異性間の法的結びつきが「婚姻」である。では、同性間の法的結びつきも「婚姻」の概念に含めることはできるであろうか。同性同士の事実婚関係は、パートナーシップと呼ばれる。このパートナーシップは、法的に婚姻関係ではないため、同性パートナーは、夫婦と同等な法的地位をもつこ

とはない。その結果、相続や市民社会の法律関係に関し著しい不利益が、同性カップルに生じている。そこで各地方自治体は、**同性パートナーシップ条例**を制定し、同性カップルになるべく「婚姻者」と同等な権利保護を与える仕組みを構築し始めた。現在のところ、同性婚が法律上認められる可能性は低い。おそらく「婚姻」は異性同士の法的結合のみをいうとしながらも、「婚姻」とは異なる別の法概念を新たに作り、同性婚者の権利保護を図る方法が模索されると思われる。

　婚姻時の法的結びつきに関し、姓の課題がある。**夫婦別姓**の問題である。民法750条では、婚姻時に夫婦どちらか一方の氏（名字）を名乗ることが求められている。多くの場合、女性が男性の氏に変わる。女性が婚姻後、自己の身分を表す氏を継続的に保持できるように、夫婦が別の氏をもつ夫婦選択的別姓が従来より主張されてきた。

　最高裁判所は、夫婦同氏制は「夫婦が夫又は妻の氏を称するものとしており、夫婦がいずれの氏を称するかを夫婦となろうとする者の間の協議に委ねているのであって、その文言上性別に基づく法的な差別的取扱いを定めているわけではなく、本件規定の定める夫婦同氏制それ自体に男女間の形式的な不平等が存在するわけではない」（10対5／最大判平成27年〔2015年〕12月16日民集69巻8号2586頁。）と判示し、夫婦同氏制を採用する民法750条を合憲と判断した。

　しかし、夫婦同氏の強制には、従来より違憲論が出されている。むしろ、学説の多くは同判決の少数意見に親和的である。本件少数意見は、次のように指摘している。氏名は個人の識別の記号ではなく、「身分関係に内在する血縁ないし家族、民族、出身地等当該個人の背景や属性等を含むものであり、氏を変更した一方は

いわゆるアイデンティティを失ったような喪失感を持つに至る」、確かに96％が夫の氏を使用しているが、これは「女性の社会的経済的な立場の弱さ、家庭生活における立場の弱さ、種々の事実上の圧力など様々な要因のもたらすところであるといえるのであって、夫の氏を称することが妻の意思に基づくものであるとしても、その意思決定の過程に現実の不平等と力関係が作用しているのである」、「夫婦同氏に例外を設けないことは、多くの場合妻となった者のみが個人の尊厳の基礎である個人識別機能を損ねられ、また、自己喪失感といった負担を負うこととなり、個人の尊厳と両性の本質的平等に立脚した制度とはいえない」。

　この少数意見は説得的である。少数意見には、憲法が最高価値とする「個人の尊重」（憲13条）と「夫婦が同等の権利を有する」（憲24条1項）との条項が生かされているからである。夫婦同氏制は、婚姻の最初の段階において、女性を等しく扱わないことにつながる。早急な法改正が必要であろう。

Book Guide ●

ジョン・ロールズ著／田中成明ほか訳『公正としての正義 再説』（岩波書店、2004年）

橘木俊詔『格差社会』（岩波新書、2006年）

辻村みよ子『ジェンダーと人権』（日本評論社、2008年）

マイケル・サンデル著／小林正弥ほか訳『ハーバード白熱教室講義録上・下』（早川書房、2010年）

横田耕一『憲法と天皇制』（岩波新書、1991年）

# 精神的自由（1）
## 思想・良心の自由、信教の自由、学問の自由

### ① 思想・良心の自由

　自由権は、精神的自由、経済的自由、人身（身体）の自由の3つに区分できる。ここで述べる**思想・良心の自由、信教の自由、学問の自由**は、次に言及する表現の自由と同様、精神的自由に含まれる。人の精神的な活動は、「国家から自由」であることによって最大限に実現できる権利であり、その点、精神的自由は、自由権の名に最もふさわしい権利である。

　憲法19条は「思想及び良心の自由は、これを侵してはならない」と規定している。ここでいう思想とは人間の思考一般を指し、良心とは思想の内、倫理性がそなわっているものをいうが、この両者を区別する必要はない。というのも、憲法19条の規範的意味は、各人の内心の考え、つまり世界観、人生観、主義・主張などを広く保障することにあるからである。

　思想・良心の自由は、絶対的に無制限である。「個人が心の中で何を考えるか自由である」という場合、これは本来、法の規制に服さない事柄であるから、思想・良心の自由は、あまりにも当然のことを規定しているといえるかもしれない。しかし、踏み絵の例でもわかるように、ある者が何らかの方法で個人の思想・良心の在処を探し出すことは可能である。憲法19条の基本的規範意

義は、正にここにある。つまり憲法19条は、国家権力が何らかの方法により個人の思想・良心を探知しようとした場合、個人は、これに答えなくてもよい拒否力としての**沈黙の自由**を保障している。

　この沈黙の自由の侵害事例として、第３話にあげた**三菱樹脂訴訟**が重要である。最高裁判所は「労働者の採否決定にあたり、労働者の思想、信条を調査し、そのためその者からこれに関連する事項についての申告を求めること」は違法ではないと判示している（最大判昭和48年〔1973年〕12月12日民集27巻11号1536頁）。しかし、沈黙の自由は、相手方に対し自己の思想などを調査されない自由を本来含んでいる。したがって、本件では会社側による思想・信条の調査自体、憲法上合理性がなかったとみるべきであろう。

　第二に、憲法19条は、自己の思想・良心に反する行為を強制されない自由も保障している。この代表例として**良心的兵役拒否**がある。良心的兵役拒否とは、徴兵制が採用されている国で、兵役につくことが自己の良心に反すると考える者に、兵役の免除あるいは兵役の代替措置を認めることをいう。ドイツ基本法４条３項は「何人も、その良心に反して、武器をもってする軍務を強制されてはならない」と規定しているのは、この良心的兵役拒否権を憲法上の権利にまで高めたものとして知られている。日本の場合、徴兵制は採用されていないため良心的兵役拒否権を論ずる必要度は低い。ただ自衛隊法による防衛出動、治安出動が発せられた場合、自衛官が「武器をもって人を害することは良心上できない」というときには、憲法19条の良心の自由の適用問題が生まれる。

　また、自己の思想・良心に反する行為を強制されない自由が問題となる事例として、民法上の名誉毀損を回復するために利用されている謝罪広告がある。民法723条は「名誉を回復するのに適当な処分」をすることを認めているが、最高裁判所は「単に事態

の真相を告白し陳謝の意を表明するにとどまる程度の」謝罪広告
は、憲法19条に反しないと判示している（最大判昭和31年〔1956年〕
7月4日民集10巻7号785頁）。しかし「陳謝」を要求する謝罪広告は、
「本人の信条に反し、彼の欲しないかもしれない意思表明の公表
を強制するものであって、憲法19条に違反する」（少数意見）と考
えられる。その他、特に教育の場における「国旗・国歌」強制問
題も良心の自由と抵触する場合がある（第10話参照）。

## ② 信教の自由

### 1．信教の自由の意義 ◦◦◦◦◦◦◦◦◦◦◦◦◦◦◦◦◦◦◦◦◦◦◦◦◦◦◦◦◦◦◦◦◦◦◦◦◦◦◦◦

　信教（宗教）の自由は、近代憲法で必ず保障されている自由権で
ある。たとえば人権の発展史に多大な影響を与えたヴァージニア
の権利章典（1776年）は16項で「すべての人は良心の命ずるとこ
ろにしたがって、自由に宗教を信仰する平等の権利を有する」と
規定し、またアメリカ建国時代の政治家ジェファソンとマディソ
ンによって構想されたヴァージニア信教自由法（1786年）2項で
も「すべての人は、宗教についての各自の見解を表明し、これを
弁護支持する自由を有する」と規定し、信教の自由が近代憲法史
において重要な部分を占めていたことを教えている。

　他方、旧憲法28条は「日本臣民ハ安寧秩序ヲ妨ケス及臣民タル
ノ義務ニ背カサル限ニ於テ信教ノ自由ヲ有ス」と規定していたが、
この規定は、ほとんど実効性をもっていなかった。というのも、
神権天皇制の下、国家神道が国教的地位をもち、また国家神道の
宗教的祭祀者であり、現人神である天皇が、すべての宗教の頂点
に立ち、臣民は国家神道を崇拝することを強いられていたからで
ある。

　この個人の魂まで支配した神権天皇制、国家神道は、日本型ファシズムの特徴である。そこで敗戦後、ポツダム宣言10項を受け、1945年12月15日、総司令部は国家神道を禁じるために**神道指令**を布告した。ここにおいて日本で初めて個人の信教の自由が保障される土壌が培われたのである。

## 2．信教の自由の内容 ◇◇◇◇◇◇◇◇◇◇◇◇◇◇◇◇◇◇◇◇◇◇◇◇◇◇◇◇◇◇

　憲法20条は「信教の自由は、何人に対してもこれを保障する」と規定している。この規定の意味は4つある。(1)内心における宗教的信仰の自由、(2)宗教的行為（儀式）の自由、(3)宗教を布教する自由、(4)宗教団体の結成の自由である。(1)は、19条の「内心の自由」と重なる。これは、特定の宗教を信じる自由、その宗教を変える自由、無宗教の自由、宗教について他者からの質問に答えない沈黙の自由を意味する。

　(2)は表現の自由と重なる。これはたとえば礼拝・祈禱の自由、その他宗教上の様々な儀式に参加する自由をいう。この点について20条2項は「何人も、宗教上の行為、祝典、儀式又は行事に参加することを強制されない」と規定している。旧憲法時代、公務員のみならず個人も神社への参拝が強制されたが、このような特定の宗教に参列させることは、現憲法では一切禁止される。また法律上、宣誓が要求される場合であっても（刑訴154条、議院証言2条など）、宣誓に宗教的方法をとることは禁じられる。

　(3)の布教の自由とは、自己の信ずる宗教を宣伝し、他者をその宗教に勧誘することをいう。ただこの布教活動は、憲法20条3項、教育基本法15条2項によって公立学校で行うことは禁止されている。

　布教活動の一環として、教団への寄付活動がある。教団による

信者に対する寄付の勧誘が、信者の社会生活を崩壊させる場合がある。ときには、信者が罪を犯してまで資金を集め、この資金を教団に提供することすらある。こうした寄付の強要を禁止するために「法人等による寄附の不当な勧誘の防止等に関する法律」（不当寄付勧誘防止法／2022年）が制定された。同法3条1号は、教団の配慮義務として「個人の自由な意思を抑圧」すること、同2号は「個人又はその配偶者若しくは親族」の「生活の維持を困難」にすることなどの制約を定めている。加えて、同法4条6号は、「霊感その他の合理的に実証することが困難な特別な能力」による悪質な寄付行為を禁止している。ただ、寄付をする信者は、教団のマインド・コントロール下に置かれていることが多く、被害が表に出にくいという課題が指摘されている。

　(4)の宗教団体の結成の自由は、憲法21条の結社の自由の一部である。したがって宗教団体を結成することは何ら制限はない。しかしある宗教団体が、法人格を得るには、宗教法人法上、一定の要件を満たし「認証」を受けることが必要である。

　宗教法人の解散は、裁判所による解散命令の決定でもって行われる（宗法43条・81条参照）。この点につき最高裁は、オウム真理教解散命令訴訟において「法令に違反して、著しく公共の福祉を害すると明らかに認められ、宗教団体の目的を著しく逸脱した行為をしたことが明らかである」ことを理由に、当該宗教法人の解散決定を下した（最決平成8年〔1996年〕1月30日民集50巻1号199頁）。解散命令の制度は、宗教法人の法人格性を奪うことにある。この制度は、当該宗教団体の結社としての性格までも否定するものではなく、したがって解散命令制度は違憲ではない。但し、破壊活動防止法によって、結社としての宗教団体の活動が制限され、団体が禁止される場合には、宗教団体の結成の自由は侵害されると

みられる。

なおオウム真理教の後継組織を監視するために団体規制法（「無差別大量殺人を行った団体の規制に関する法律」）が新たに制定されたが、本法は必ずしも必要最小限の団体規制立法とは言い難い側面もある。

## 3．信教の自由の限界 ◇◇◇◇◇◇◇◇◇◇◇◇◇◇◇◇◇◇◇◇◇◇◇◇◇◇◇◇

信教の自由の限界をみる場合、2つの類型が考えられる。第一に、特定の信仰をもった者による行為（宗教的行為・活動）につき、その行為の目的と手段の関係でその相当性が問われる場合である。たとえば、僧侶が障害児の母親から依頼されて、加持祈禱を行い、数時間にわたり身体を拘束し傷害行為を繰り返し、当人を死亡させた事例について、最高裁判所は「信教の自由の保障を逸脱したもの」と判示した（最大判昭和38年〔1963年〕5月15日刑集17巻4号302頁）。また学生運動をしていた高校生が警察に追われていたところ、尼崎教会の牧師がこれをかくまったとして犯人蔵匿罪で起訴された事例では、この牧師の行為は、憲法が保障する「礼拝の自由」であり、このかくまった行為が「宗教的行為の自由を明らかに逸脱したものとは到底解することはできない」とされ、無罪判決を下したことがある（神戸簡判昭和50年〔1975年〕2月20日判時768号3頁／種谷牧師事件）。

第二に、各人が信仰する宗教教義が、他者の行為によって侵害される可能性がある場合である。これは学校教育の場面でよく問題となる。たとえば、牧師の子が日曜学校に出席するため、公立小学校の日曜参観授業を欠席した事例につき、東京地裁は、宗教行為に参加する児童を出席免除にすることはかえって「公教育の宗教的中立性を保つ上で好ましいことではない」と判示している

（東京地判昭和61年〔1986年〕3月20日行集37巻3号347頁）。またエホバの証人という宗教団体の教義に従い、市立工業高等専門学校の生徒が必修科目の体育の剣道実技を拒否し、留年・退学処分を受けた事例では、最高裁判所は学校側の措置は「社会観念上著しく妥当を欠く処分」であり、「裁量権の範囲を超える違法なもの」と判示した（最判平成8年〔1996年〕3月8日民集50巻3号469頁）。

　これらの事例は、宗教的信仰の限界問題である。基本は各人の信仰を尊重しつつ、これを制限する場合には、必要最小限の制限が考慮されるべきであろう。その点、日曜参観の事例では公立学校側に「宗教的寛容」が求められるべきだったと思われる。

### 4．政教分離の原則

　憲法20条1項後段は「いかなる宗教団体も、国から特権を受け、又は政治上の権力を行使してはならない」と規定し、89条は「公金その他の公の財産は、宗教上の組織若しくは団体の使用、便益若しくは維持のため……これを支出し、又はその利用に供してはならない」と規定している。この規定の意義は、国家が宗教と何ら交渉をもってはならないこと、つまり憲法は国家の非宗教性、宗教的中立性を要求していることにある。

　一般にこのように国家と宗教とを別の世界で生活させる法概念を**政教分離**という。旧憲法の下では、国家と宗教は合致していたが（祭政一致）、現憲法では、かつて国家神道が国家理念の指導原理となり、個人の魂まで支配したことを踏まえ、両者を分離させる憲法構造を採用している。

　もっとも政教分離は、それぞれの国の宗教的事情からその分離の程度に違いがある。たとえば、イギリスでは国教制度が設けられ（イギリス国教会）それ以外の宗教団体に対しては国は宗教的寛

容をとることによって、各人の信教の自由の保障が図られている。ドイツでは国家と教会がコンコルダート（政教条約）を締結し、教会に公法人としての憲法的地位を認め、教会に関わる事項を教会に自主的に委ねる方式をとっている。通説では、現憲法が要求する政教分離は、上述したような形態ではなく、アメリカ、フランスのとる厳格な政教分離と解されている。

(1) **政教分離の学説**　政教分離については、**完全分離説**と**限定分離説**が対立している。通説である完全分離説は、国家と宗教との徹底的な分離を要求し、国家が宗教に関わり合う可能性を極力、回避すべきだという。これに対し、限定分離説をとる津地鎮祭最高裁判決の多数意見は、「国家が宗教とのかかわり合いをもつことを全く許さないとするものではなく、宗教とのかかわり合いをもたらす行為の目的及び効果にかんがみ……相当とされる限度を超えるものと認められる場合にこれを許さないとするものである」（最大判昭和52年〔1977年〕7月13日民集31巻4号533頁）と判示し、津市の公金による神式に則る地鎮祭を合憲と判断している。ここに端的に表れているように、国家と宗教との関係を緩やかに解する限定分離説は、信教の自由を守るために憲法が採用した政教分離原則を曖昧にする学説だといえる。

(2) **目的効果基準**　津地鎮祭最高裁判決（多数意見）は、アメリカの判例理論を借用して日本的な**目的効果基準**を展開している。すなわち同判決によれば、憲法20条3項で禁じられる国及びその機関による「宗教的活動」とは①当該行為の目的が宗教的意義をもち、②その効果が宗教に対する援助、助長、促進または圧迫、干渉等になるような行為をいうと判示した。しかもこの基準の具体的適用場面では、「一般人の宗教的評価」がその目的と効果の内容を確定するという論理を採用している。

　確かに完全分離説を採用した場合にも、国家と宗教との関わり合いをすべて否定することはできない。多少重なり合う場面がある。たとえば、仏像、伝統的寺院など重要文化財保護のための文化領域や福祉、教育の領域などがそうである。国家がそうした領域に相手方が宗教色を帯びているからといって、一切関わりをもたないということはできない。本来、目的効果基準は、そうした文化、福祉、教育という場面で国家が宗教とつき合わざるを得ないときに、国家の行為が合憲かどうかを判断するために構想された理論である。しかし地鎮祭のような宗教的活動そのものへの公金支出については、目的効果基準の適用以前の問題である。国家・地方自治体による宗教的活動への協力は、それ自体憲法20条3項で禁じられており、この分野への目的効果基準の適用は、「一般人の宗教的評価」の利用と相まって、結局は政教分離原則を曖昧化するだけである。

　**(3)　判例の傾向**　　**自衛官合祀訴訟**が重要である（最大判昭和63年〔1988年〕6月1日民集42巻5号277頁）。最高裁は目的効果基準を使い、山口県隊友会の合祀申請行為について「宗教とのかかわり合いは間接的であり、その意図、目的も合祀実現により自衛隊の社会的地位の向上と士気の高揚を図ることにあった」と判示した。また信教の自由について「信教の自由の保障は、何人も自己の信仰と相容れない信仰を持つ者の信仰に基づく行為に対して、それが強制や不利益の付与を伴うことにより自己の信教に自由を妨害するものでない限り寛容であることを要請している」と判断した。

　この判決は学説上、批判が多い。第一に、県隊友会の合祀申請行為それ自体が、そもそも政教分離に反する点を見過ごした点。第二に、目的効果基準にいう「目的」の適用する場面を申請行為の結果として神式の「合祀」を行う点に求めず、「合祀」の結果

として「自衛隊の社会的地位の向上と士気の高揚」に求めたこと。第三に、宗教的寛容をひとりのキリスト教徒と自衛隊・山口県隊友会との関係で明らかに弱者に立つ前者に求めたことである。このような「寛容」は、正確な日本語の意味でも誤用である。

　靖国神社をめぐっても多くの訴訟が提起されている。第一に、**岩手靖国訴訟**である（仙台高判平成3年〔1991年〕1月10日判時1370号3頁）。仙台高裁は、岩手県議会が内閣総理大臣の靖国神社公式参拝を要望した決議につき、公式参拝は憲法20条3項で禁止され違憲と判示し、同決議を違法とした（第二審で確定）。

　第二に、**愛媛玉串料訴訟**である。最高裁判所は、従来の目的効果論を採用しつつ、「一般人が……玉串料等の奉納を社会的儀礼のひとつにすぎないと評価しているとは考えがたい」と述べ、また玉串料等の奉納は、これを受けた靖国神社、県護国神社に対する「特定の宗教への関心を呼び起こすものといわざるをえない」と判示し、両神社への愛媛県知事が行った公金支出を憲法違反と断じた（13対2／最大判平成9年〔1997年〕4月2日民集51巻4号1673頁）。

　第三に、靖国神社に戦後初めて公式参拝した中曽根首相の行為を争ったケースがある。この1985年8月15日に行われた公式参拝につき、福岡高裁、大阪高裁とも傍論で公式参拝は違憲の疑いが強い旨を明らかにしている（福岡高判平成4年〔1992年〕2月8日判時1426号85頁、大阪高判平成4年〔1992年〕7月30日判時1434号38頁）。

　最高裁判所は、政教分離を厳格に解する方向性を示してきている。**空知太神社訴訟**において、町内会が北海道砂川市の公有地を無償で借り受け、神社を建立した事例につき、「市と本件神社ないし神道とのかかわり合いが、我が国の社会的、文化的諸条件に照らし、信教の自由の確保という制度の根本目的との関係で相当とされる限度を超える」と判示し、市の行為が政教分離違反だと

した事例がある（最大判平成22年〔2010年〕1月20日民集64巻1号1頁）。

　加えて、宗教それ自体ではなく、崇拝対象となっている霊的施設についても、政教分離は妥当する。那覇市は、都市公園内に設置された儒教の祖である孔子を奉る孔子廟について、公園使用料を免除していた。最高裁判所は、孔子廟は単なる観光施設ではなく、「孔子の霊の存在を前提として、これを崇め奉るという宗教的意義を有する」と判示した。その上で、那覇市の免除行為は、一般人の目から見て、市が孔子廟の施設における活動について、「特定の宗教に対して特別の便益を提供し、援助していると評価されてもやむを得ない」とし、政教分離に抵触するとの違憲判断を下した（最大判令和3年〔2021年〕2月24日民集75巻2号29頁／**孔子廟訴訟**）。判例理論による政教分離の徹底は、国家の宗教的中立性の維持のためには、今後も推進されるであろう。


## ③ 学問の自由

　憲法19条において思想・良心の自由を保障し、21条で表現の自由を保障した上で、**学問の自由**がさらに保障されるのは、学問研究が従来の考え方を批判し、新たなるものを生み出すという学問の特質と関連している。つまり学問研究には、多様な自由が必要であり、そうした自由があって初めて学問は、人類の幸福の進展に寄与することができる。

　旧憲法では学問の自由の条文は存在せず、むしろ学問は国家に従属していた。たとえば旧大学令（1918）1条は「大学ハ国家ニ須要ナル学術ノ理論及応用ヲ教授シ……国家思想ノ涵養ニ留意スヘキモノトス」と規定し、学問研究の中心である大学は、国家によって枠づけられていた。そのため、自由な研究活動は阻害さ

れ、ときの政府の都合によって学問は弾圧されることがしばしばあった。たとえば、戦前のファシズム時代に滝川事件 (1933年)、天皇機関説事件 (1935年) が起こったが、これら一連の事件は、国家権力による学問・大学の弾圧の歴史として広く知られている。

## 1. 学問の自由の意義

憲法23条は「学問の自由は、これを保障する」と規定している。この規定には学問の自由の権利主体が明記されていないが、各個人がその権利を有する。

学問の自由は3つのことを意味する。(1)学問研究の自由、(2)研究発表の自由、(3)教授の自由である。学問研究の自由とは、何人も自由な研究を行い、その成果についてどのような学問的態度をとろうとも自由であるということである。その点、憲法19条の内心の自由と重なり合う。研究発表の自由とは、何人も学問的見解を表現する自由をもつということである。これは表現の自由とも関連する。教授の自由とは、何人も学問的成果にもとづいて学問的見解を教授する自由があるということである。

これらの自由は、主に大学を場として行われるが、しかし憲法23条の学問の自由が各個人の人権であることから、必ずしも大学に所属する学生及び教員だけが、学問の自由を享受するというように制限的にみる必要はない。たとえば、(3)教授の自由は、大学の教員だけの特権ではなく、大学以外の普通教育機関にも当てはまる。この点、旭川学力テスト事件で最高裁が、一定の範囲ながら普通教育機関にいる教師の教授の自由を認めたのは、23条の当然の解釈の結果である（最大判昭和51年〔1976年〕5月21日刑集30巻5号615頁）。

## 2. 大学の自治

　憲法23条が保障する**大学の自治**は、次の 5 点が含まれる。(1)教員人事の自主決定権、(2)研究・教育内容、方法、対象の自主決定権、(3)財政自治権、(4)学生の自治権、(5)大学の施設管理権、内部秩序維持権である。

　これらの内、(4)(5)の課題がよく問題となる。この点については東大ポポロ事件が重要である。最高裁は(4)に関し次のようにいう。「大学の学問の自由と自治は、大学が……深く真理を探究し、専門の学芸を教授研究することを本質とすることに基づくから、直接には教授その他の研究者の研究、その結果の発表、研究結果の教授の自由……を意味する。大学の施設と学生は、これらの自由と自治の効果として、施設が大学当局によって自治的に管理され、学生も学問の自由と施設の利用を認められるのである」（最大判昭和38年〔1963年〕5 月22日刑集17巻 4 号370頁）。

　この判決は、大学の自治の直接的な担い手としての学生自治権を否定し、学生を単なる施設利用者に格下げした点で批判が多い。大学は、教員、職員と学生によって構成されており、三者はともに大学の自治の担い手である。確かに一時的に在学する学生を前二者と同様に扱うことは困難であろう。しかし最高裁のように大学の自治の担い手から、学生を完全に排除することは、結局、大学の自治を「教授・教授会」の自治と狭くみることになる。

　また、(5)については大学に対する警察権との関係が重要である。警察権が大学に及ぶのは当然であるが（大使館のような治外法権は大学には認められない）、大学は自治組織であり、警察権の行使は大学の認める範囲で承認されるべきである。したがって捜査令状がある場合でも、「限定された空間が特定され、かつ、その限界が明確にされ」大学関係者の立ち会いの下で行われなければならない。

　同時に、警察権による警備活動については、厳格な制限が加えられる。というのも、開かれた空間である大学に警備警察官が日常的に入り、情報収集などを行えば、教員、学生の自由な研究活動は阻害されるからである。東大ポポロ事件最高裁判決は、ポポロ劇団の活動を大学の自治の保障の外にある「政治的・社会的活動」と認定し、この分野への警備活動を是認した。しかし学生自治権による活動は多様であって、違法行為を招く可能性のない学生活動については、これを警備対象とするのは、憲法上、合理的理由をもたない。

## 3．学術研究機関の自律性の保障 ∽∽∽∽∽∽∽∽∽∽∽∽∽

　憲法23条の学問の自由及びそこに立脚する学問の自律性は、大学以外の研究組織体にも妥当する。国公立・私立の研究組織を問わない。国は多くの研究機関・機構を有しているが、法律において特にその設立・運用が定められている日本学術会議がある。旧憲法時代、主に大学の研究者が、捕虜に対する人体実験、細菌兵器、毒ガス兵器などの兵器開発に積極的に加担してきた。そこで現憲法制定後、その反省に立ち、二度と兵器開発をしてはならないとの決意の下、「わが国の科学者の内外に対する代表機関として、科学の向上発達を図り、行政、産業及び国民生活に科学を反映浸透させる」（日本学術会議法2条）ために、政府から独立した日本学術会議を設置した。

　日本学術会議が、政府から独立して、政府の諮問に答え（同法4条）、また政府に「勧告する」（同法5条）権限を実効化するには、日本学術会議の構成員を自分たちで選出する自治が絶対不可欠である。人事について、政府の介入があれば、必ず、専門智とは異なる尺度で会員選出が行われるからである。同法7条及び17条に

よれば、その構成員について、日本学術会議が「選考」し、その後、内閣総理大臣に「推薦」し、内閣総理大臣が「任命」すると定められている。そこには、内閣総理大臣の裁量が働く余地はない。しかし、この規定に違反し、推薦された者が任命されない事例があった。

　このような任命拒否は、法律は想定しておらず、違法と評価できる。今後、同じことが起きないようにするには、日本学術会議が選考した人物に関し、内閣総理大臣のほか、国会に報告し、その透明性を確保することが適切である。これによって、内閣総理大臣の恣意的任命行為は、事実上、困難になるからである。

Book Guide ●

芦部信喜『宗教・人権・憲法学』（有斐閣、1999年）
高木八尺ほか編『人権宣言集』（岩波文庫、1957年）
高柳信一『学問の自由』（岩波書店、1983年）
田中伸尚『靖国の戦後史』（岩波新書、2002年）
松田浩『知の共同体の法理』（有信堂、2023年）

第6話

# 精神的自由（2）
## 表現の自由

### 1 表現の自由の意義

　表現の自由は、国家からの自由を本質とする精神的自由のひとつである。個人が国家から妨害されないで表現活動を行うことを保障する点では、表現の自由は個人的な権利である。この意味で表現の自由を捉える場合、表現の自由は個人の**自己実現の価値**をもつという。一方、表現の自由保障は、個人の権利保障にとどまらない。個人が情報の自由な流通に身を置くことで、多様な情報を入手し、この情報をもとに自己の政治的意思を形成していくからである。たとえば、新聞・報道機関によるニュースが政府によってコントロールされている世界、あるいは情報遮断が行われているところでは、個人は自己判断の素材を欠いたまま歪んだ政治的見解しか表明できないであろう。表現の自由保障が個人の政治的意思形成に決定的影響を与えるという意味で、表現の自由は**自己統治の価値**を持ち合わせている。表現の自由を考える場合、この２つの価値実現が前提でなければならない。個人的な表現の自由保障は確かに重要であるが、同時に自由な情報の流通を確保し、これに個人が自由にアクセスできる法環境がなければ、民主主義社会の発展は望めないからである。

　このように精神的自由、特に表現の自由は、後で出てくる経済

的自由に比して一段格上の人権である。これを**精神的自由の優越的地位**という。精神的自由に優越的地位が認められるのは、次の理由があるからである。経済的自由分野における規制法律は、社会の多様な意見においてその是非が論じられ、民主主義のルート（国会・内閣）によって修正可能である。これに対し、精神的自由の規制立法、特に表現の自由を規制した場合には、表現活動が制限・縮小されるため、社会による反対意見の表明が困難になる。そこでは国会・内閣に対する批判は縮小され、国会・内閣による自発的な民主的修正は著しく困難になる。そのため裁判所が国会の作る法律の合違憲性を審査する場合には、当該法律が精神的自由または経済的自由のどちらに対する規制法律であるかを見極め、前者の場合にはより一段と厳格に憲法適合性を審査する手法がとられる。その違憲審査手法は**二重の基準論（ダブル・スタンダード理論）**と呼ばれる。

## ② 表現の自由の類型と規制論拠

憲法21条は「集会、結社及び言論、出版その他一切の表現の自由はこれを保障する。検閲はこれをしてはならない。通信の秘密はこれを侵してはならない」と定めている。すべての表現行為の保障規定である。ただ表現の自由といってもその形態は多様であり、同時に表現の自由に対する規制も様々である。個人の表現行為は確実に他者に向かって行われる関係上、他者の法的利益を損なう表現行為を許容することはできない。

### 1. 表現内容規制

表現者の表現内容自体が他者の法益を侵害する場合がある。そ

の例として、(1)犯罪の扇動的言論、(2)性表現、(3)名誉毀損的言論、プライバシーの権利侵害的言論、(4)営利的表現があげられる。(1)犯罪の扇動的言論とは、法律で禁止されている行為を実行させる目的で文書・言論等を通じて他者にその行為を実行させる決意を発生させ、あるいは助長させるような言論をいう。扇動的言論が処罰された**食糧緊急措置令違反事件**に関する最高裁判所の判決によれば、「政府の政策を批判し、その失政を攻撃するに止るものではなく、国民として負担する法律上の重要な義務の不履行を慫慂」する言論は、公共の福祉を害し、かかる言論を犯罪として処罰する法規は憲法21条に違反しないと判示した（最大判昭和24年〔1949年〕5月18日刑集3巻6号839頁）。

　しかし、この程度の扇動的言論が刑罰対象になるかは、占領期の特殊事情があるとはいえ疑問である。また、扇動的言論を「公共の福祉」で制約できるという議論は今日、否定されている。

　アメリカの判例理論（シェンク事件）では、「明白かつ現在の危険」(clear and present danger) の基準がこの場面では利用されている。ホームズ裁判官が唱えた次の言説は、実に示唆に富む。「すべての行為の性質は、それが為された状況によって決まる。……どのように強い言論の自由の保護でも、劇場の中で火事でもないのに火事だと叫んで、騒ぎを引き起こすことを保護しようとはしないであろう。それは暴力と同じ効果をもたらすような言葉を吐くことの禁止命令から人を保護しようともしない。……あらゆる事件における問題は、その言葉が使われた状況とその言葉の性質が……実質的害悪をもたらす明白かつ現在の危険を生むか否かである」。最高裁判所は「明白かつ現在の危険」の基準を採用していないが、言論の害悪性を量る点では極めて有用な基準である。

　(2)性表現の規制については、刑法175条のわいせつ物頒布罪と

の関係がよく争われる。わいせつ文書等を規制する法益は、社会的法益つまり社会における健全な性風俗の維持及び青少年の性風俗からの保護にある。わいせつ概念を厳格に定義することによって、性表現の自由を可能な限り認める手法が今日では確立している。最高裁判所は、**チャタレイ事件**以降、①徒に性欲を興奮・刺激せしめ、②普通人の正常な社会的羞恥心を害し、③善良な性的道義観念に反するものをわいせつと定義している（最大判昭和32年〔1957年〕3月13日刑集11巻3号997頁）。その適用範囲は社会の変化によって大きく変わる要素をもっている。たとえば、ヘアー・ヌードは20年前にはわいせつとされたが、今日では通常、これはわいせつ視されてはいない。現在のわいせつ表現の典型は、性行為非公然原則に触れるものをいう。

　(3)名誉毀損的言論については、今日「憎悪的表現」（hate speech）が問題となっている。人種差別撤廃条約（1965年／採択. 1995年／批准）では、「人種的優越又は憎悪に基づく思想のあらゆる流布、人種差別の扇動」等が、「法律で処罰すべき犯罪」と定めている。しかし、日本は、同条約4条a項・b項を留保しているため、憎悪的表現を包括的に禁止する法律は制定されていない。もっとも、2016年に**ヘイトスピーチ解消法**が制定され、「本邦外出身者に対する不当な差別的言動の解消」が求められ始めた。この法律は、国及び地方自治体における差別的言動の解消のための施策の実施を定めているが、外国籍の人、特に在日アジア系の人々に対し差別的言動を行った者に対しては、処罰対象とはしていない。というのも、憎悪的表現行為者にも表現の自由があるため、これを規制するには、相当程度の憲法的合理性がなければならないからである。ただし、憎悪的表現行為者に対しては、当然、民事上の責任・損害賠償は発生する（最判平成26年〔2014年〕12月9日

の判決では、在特会による憎悪的表現行為を不法行為として認定し、損害賠償を認めた）。

　なお、川崎市は「川崎市差別のない人権尊重のまちづくり条例」（2019年）を制定し、本邦外出身者に対する不当な差別的言動をする者に対し、市長が「勧告」をし、さらにこれに従わなかった者について、「命令」を発すると定めている（同条例14条1項）。この命令違反者には、50万円以下の罰金（同23条）が課される。川崎市のこの条例は、不当な差別的言動をした者に対し、国の法律規制にはない刑事罰規定を設けている。今後、この条例の実施状況について冷静に見守る必要がある。

　(4)営利的言論は、企業等による営利を目的とした広告のほか、商品性能表示の言説を含む。営利的言論は、商品知識を消費者に伝え、消費者の「知る権利」に仕える要素がある。過大広告のほか、虚偽表示などは当然許容されない。最高裁判所は、あん摩師等法事件において、広告規制は「患者を吸引しようとするためややもすれば虚偽誇大に流れ、一般大衆を惑わす虞が」ある以上、「このような弊害を未然に防止するため一定事項以外の広告を禁止することは、国民の保健衛生上の見地」より、規制を許容している（最大判昭和36年〔1961年〕2月15日刑集15巻2号347頁）。

## 2．表現内容中立性規制

　表現の内容が害悪を及ぼしこれを制限する場合のほか、表現行為の時・場所・方法が不適切であることを理由に表現行為自体に制限を加える場合がある。たとえば、大学付近における騒音規制、景観地区における広告塔の規制などである。実際にこれまで問題となったのは、(1)デモ行進規制、(2)選挙運動規制、(3)屋外広告等の制限規制などである。表現行為自体の規制であるため表現内容

に応じた規制とは異なり、表現行為の規制に合理性があれば許容されるという見方もある。しかし、表現内容中立規制の場合は、表現手段の一律制限禁止であるため、必要最小限の制限でなければならない。表現内容中立規制が必要最小限であるか否かを判断する基準として、**LRA（less restrictive Alternatives）の基準**（より制限的ではない他の選び得る手段）が利用されている。

　このLRAの基準は、規制目的と規制手段との関係性に比例性があることが不可欠である。この比例性がなければ、規制目的に対する規制手段は必要最小限度はないとみられる。その点、公安条例によるデモ行進規制には問題が多い。最高裁判所はデモ行進を「暴徒」となる危険性があることを理由に、デモ行進を行う場合には事前に公安委員会から許可を受けることは合憲であると判示している（最大判昭和35年〔1960年〕7月20日刑集14巻9号1243頁）。しかし、デモ行進による社会への法益侵害がある場合も、これに対する規制として一律の事前許可制は、その規制目的に対する必要度をはるかに超えているといえる。

### 3．その他の規制論拠

　表現の自由を規制する場合には、さらに2つの基準がある。①**事前抑制禁止の法理**と②**明確性の基準**である。事前抑制禁止の法理とは、表現行為自体を表現前に規制してはならず、表現行為を「表現の自由市場」に参入させた上で、その市場において表現の価値を計るべきだという発想が根底にある。憲法21条2項が「検閲」を禁止しているのは、表現行為の事前の抑制・禁止が表現の自由市場を縮小化させてしまうからである。

　検閲禁止条項があるにもかかわらず、検閲に等しい制度として⑴**税関検査**、⑵**教科書検定**が問題となっている。関税法69条の11

第7号によれば「公安又は風俗を害すべき書籍、図画、彫刻物その他の物品」は個人輸入も禁止されている。輸入禁止処分をするに当たり税関はその内容審査を行っているが、これが事前抑制禁止の法理と抵触するかが問題となる。最高裁判所は税関での検査は思想内容等を網羅的に審査・規制しているのではないから、憲法が禁じている検閲には当たらないと判断した（最大判昭和59年〔1984年〕12月12日民集38巻12号1308頁）。しかし、銃・麻薬という国内での流通が禁止されている物品とは異なり、表現物に関しては税関検査の恣意的運用がされる危険性が高い。税関当局は、わいせつ文書の輸入を「水際で止める」という発想のようであるが、当該文書の個人保有は本来自由のはずである。個人輸入者が当該文書の頒布販売をした事後の段階で刑事上の責任追及をすれば、対応可能であろう。また「公安」を害する文書として戦争ルポ写真も含まれ、かかる写真集の輸入を禁止することはもはや合理的根拠はない。

　教科書検定制度にも批判が多い。先進国には教科書検定制度のような「教科書」に国家意思を「書かせる」仕組みは存在していない。しかし最高裁判所は、「検閲とは行政権が主体となって、思想内容等の表現物を対象とし、その全部又は一部の発表の禁止を目的とし、その対象とされる一定の表現物につき網羅的一般的に、発表前にその内容を審査した上、不適当と認めるものの発表を禁止することを特質として備えるもの」と定義づけ、教科書検定は教育の中立・公正、一定水準の維持のために行われるのであって、不適切とされた内容をもつ図書が教科書として発行できなくなるだけであるから、教科書検定は合憲であると判示した（最判平成5年〔1993年〕3月16日民集47巻5号3483頁／**第一次家永訴訟**）。

　第二の**明確性の基準**とは、精神的自由を規制する法律の法文は

明確でなければならないとの原則である。たとえば、先の関税法における「風俗」という言葉は、どのように理解できるであろうか。「フーゾク」と書けば下半身関係と想定がきくが、漢字で書けば「ゲーセン」、「アキバ系」も入りそうである。こうした曖昧な法文は、自己が行い得る行為が法律に違反するかしないかの判断を曇らせ、結果的に法律違反に問われることを回避するために、一定の表現行為をしない方が無難だという効能を果たす——実際に法律違反になるかどうかは裁判所が決める。このマイナス作用を**萎縮的効果**という。本来であれば、憲法上差し支えのない行為を法文が曖昧なために多くの者が捕まるのが怖いからしないという状況は、為政者にとって都合が良い。判例上問題となったのは、**徳島市公安条例事件**において「交通秩序を維持すること」がデモ行進の事前許可条件とされた事例である。最高裁判所は当該文言を「殊更な交通秩序の阻害をもたらすような行為」と再解釈して合憲と判断した。しかし、法のプロたる裁判官も惑うような法文を限定的に再解釈をしなければ了解不能な法文は、立法自体にすでに問題があるとして違憲とすべきであろう（最大判昭和50年〔1975年〕9月10日刑集29巻8号489頁／徳島市公安条例事件）。

## ③　報道の自由と知る権利

**報道の自由**は民主主義社会の成立条件である。ジャーナリズムは権力批判がその使命である。災害緊急放送のような報道を迅速に行うことが「我が社の使命」と考えている報道機関もあるが、権力批判をしない報道機関はジャーナリズムではない。ジャーナリズムとしての報道機関は常に公権力との軋轢を招くが、報道のあり方はこと裁判所との関係でよく問題となる。

　**博多駅事件**では、裁判所が事件当日の模様を撮影した報道各社が保有するフィルム提出命令自体が報道機関の報道の自由を侵害するか否かが争われた。最高裁判所は、報道機関の報道は、国民の知る権利に奉仕し、憲法21条の保障対象と判断した上で、報道機関の取材活動によって得られたフィルムを公正な刑事裁判の実現のために用いることは許されると判示した（最大決昭和44年〔1969年〕11月26日刑集23巻11号1490頁／博多駅事件）。基本的に最高裁判所は「公正な刑事裁判の実現」と「報道の自由」との調整を**利益衡量論**によって解決できるとみている。しかし、利益衡量論が成立する前提は同一な法益、すなわち比較可能な価値に限られる。「公正な刑事裁判の実現」は裁判所にとって最も重要な法益であり、これを覆す法益はおそらく存在しないであろう。その点、最高裁判所が**TBSビデオテープ押収事件**において同一な利益衡量を採用し、TBSが保有する犯罪現場を収録したビデオテープの警察による差押を認めたことは、利益衡量論自体が結論ありきの両天秤論であったことを明らかにしている（最判平成2年〔1990年〕7月9日刑集44巻5号421頁／TBSビデオテープ押収事件）。

　報道の自由は、個人の知る権利の実現に奉仕する（同旨、前記博多駅事件）。知る権利は、憲法上明記されていないが、憲法21条の保障範囲にある「新しい人権」の一つとして今日認められている。国家に対する請求権としての**知る権利**を確保するためには、立法措置が必要である。その立法として、**情報公開法**（行政機関の保有する情報の公開に関する法律／1999年）がある。

　一方、国は情報公開の流れと逆行する**特定秘密保護法**（2013年）を制定させた。この法律は、「国の安全保障に著しい支障のある情報」に関し、行政機関の長が特定秘密に指定し、原則30年間公表を禁止し、「特定秘密」を漏洩した公務員は懲役10年に科せら

れるなど、情報統制法的要素を含んでいる。同法の運用上、官僚機構が一方的に秘密の指定を行い、当該情報がなぜ秘密にされたのか事後的検証はできず、「特定秘密」は完全にブラックボックス化される危険性が著しく高い。同法は、個人の知る権利の制限立法であるほか治安立法的側面があり、早急な改正が必要である。

### ④ プライバシーの権利

　マスメディアは国民の知る権利に奉仕する公器としての役割がある。しかしその一方で、マスメディアの矛先が公権力・社会権力ではなく個人に向けられたらどうであろうか。犯罪容疑者や問題企業に対する反社会性のある事柄ではなく、もっぱら興味本位でのぞき見的な報道が行われたとき、これを憲法上の表現の自由として許容することはできない。むしろ個人の権利保護に憲法は関心を寄せなければならない。

　しかし、憲法上、明文でプライバシーの権利は保障されていない。1947年の憲法制定時には想定していなかったからである。だが現代社会が要求する重要な人権が憲法に書き込まれていないからといって否定されることはない。こうした社会の要求で成育していく権利を「新しい人権」と呼ぶが、その中にはプライバシーの権利、知る権利、環境権が含まれている（報道に関する前二者の権利は裁判所によって今日では承認された権利である）。プライバシーの権利は、今なお生成中の権利であり、憲法学説上その根拠については一致をみていない。多くの学説は憲法13条の「幸福追求権」の一形態としてプライバシーの権利を唱えている。

　プライバシーの権利は3つの段階でこれまで発展的に生成されてきた。第一段階は、「一人で放っておいてもらう権利」（the

right to be let alone）としてのプライバシーの権利である。これは19世紀アメリカ社会において、メディアによる私生活暴き立て行為（イエロー・ジャーナリズム）に対する防禦権として構築された。日本では**「宴のあと」事件**において初めてプライバシーの権利が裁判所で承認された（東京地判昭和39年〔1964年〕9月28日判時385号12頁）。その後、前科照会事件、京都府学連において最高裁判所も個人の情報等・容貌などを「みだりに公開されない」ことを法律上保護に値する権利として承認するに至っている。

第二段階は、**自己情報統制権**（情報プライバシー権）である。現代の情報化社会においては、個人が一度発信した情報は、国家のみならず民間会社、大学などが保有しており、多様な個人情報を突き合わすことができれば、個人の実像はかなり明らかになる。たとえば、個人の氏名、年齢、住所、年収、カード決済の金額・商品名、健康・病歴情報が統合化できれば、個人の社会階層が特定でき、通販会社は結構、高確率な商売ができそうである。自己自身の情報を自分でコントロールすることが求められる所以である。

自己情報統制権は、個人情報を有する相手方に対する情報の利用・保有制限、情報の開示、情報の訂正の請求権を指す。国については行政機関個人情報保護法（2003年）、企業等については個人情報保護法（2003年）が制定された。現在、国、独立行政法人、企業・大学などの組織に対し、個人情報保護のための施策が新たに求められ、統一的な**個人情報保護法**（2022年全面改正）が再整備された。情報プライバシー権は、法律的には確立したといえる。

またデジタル社会の到来は、既存の法的枠組みでは対応しきれない課題を投げかけている。「公然性を前提にした通信」は、検索サイトを通じて、真偽不明の情報を拡散させている。そのため自己の前科情報など不利益な情報がネット上に半永久的に残り、

いわゆる**デジタル・タトゥ**問題が昨今、顕在化しはじめた。犯罪実名報道により自己の氏名が公表され続け、人格権が侵害されたとして、検索事業者（グーグル社）に検索結果の削除を求めた事例がある。最高裁判所は、「当該事実を公表されない法的利益と当該 URL 等情報を検索結果として提供する理由に関する諸事情を比較衡量して判断すべきもので、その結果、当該事実を公表されない法的利益が優越することが明らかな場合には、検索事業者に対し、当該 URL 等情報を検索結果から削除することを求めることができるものと解するのが相当である」と判示した。しかし、本件の場合は「公表されない法的利益が優越することが明らかであるとはいえない」として、訴えを斥けた（最決平成29年〔2017年〕1月31日民集71巻1号31頁）。

　その後、最高裁判所は、ツイッターにおいて前科を公表された者に対し、判例の枠組を維持しつつも「長期間にわたって閲覧され続けることを想定してされたものであるとは認め難い」として、ツイッター社に削除を命じた（最判令和4年〔2022年〕6月24日民集76巻5号1170頁）。この判決は、「**忘れられる権利**」（right to be forgotten）、「**消去権**」（right to erase）の考え方を取り入れ、問題解決の方向性を示したものとみられる。

　第三段階は、**自己決定権**である。プライバシーの権利の中核には個人の人格権があり、この人格権をもとに個人の私的生活について、公権力による関与を受けないで自由に生活することが憲法上保障されるべきだという発想がある。たとえば、(1)個人のライフスタイルの事柄、(2)個人の生命・身体に関わる事柄、(3)個人、特に女性の子供を産む権利などである。こうした私的事柄は、本来個人が固有に決定しその責任は個人が負うべき話である。とはいえ、個人の自由な判断は社会規範との抵触を引き起こす場合が

少なくない。

　個人のライフスタイルの事例として学校教育現場で実際に問題となった事例は、髪型、バイク禁止がある。熊本県下の町立中学校における男子生徒の長髪禁止・丸刈り限定の校則の無効確認訴訟では、本校則は「社会通念に照らして合理的と認められる」とされた（熊本地判昭和60年〔1985年〕11月13日判時1174号48頁）。また修徳高校パーマ退学事件では、最高裁判所は「高校生らしい髪型を維持し非行を防止する目的」で定められた校則は社会通念上不合理ではないと判示している（最判平成8年〔1996年〕7月18日判時1599号53頁）。確かに、学校の校則において髪型を「中学生らしく」、「高校生らしく」整えることを求めるのは間違ってはいない。しかし髪型という個人の容貌に関する事項につき校則違反者に処分を下す段階になれば、学校は刑務所と同質的ですらある。教育機関に求められるべき姿は、第一にルールの意味を教えること、第二にルール違反者には「教育力による説得」が行われることが不可欠である。髪型ひとつで「不良な触法少年」として扱う教員の姿は、あまりにも大人げない。

　個人の生命・身体に関する事項では、**輸血拒否事件**がある。「エホバの証人」の信徒が、自己の信仰を全うするために輸血をしない手術治療を求めたところ、本人の承諾なく輸血が行われ、その医療行為が争われた事例がある。最高裁判所は、輸血拒否の「意思決定をする権利は、人格権の一内容として尊重されなければならない」として医師側に損害賠償を命じた（最判平成12年〔2000年〕2月29日民集54巻2号582頁）。今日では、死の迎え方をめぐる尊厳死など生命倫理の課題が裁判でも争われ始めた。法の臨界問題であり、法学だけでは処理しきれない課題は山積している。

　個人が子どもをもつか、もたないかを自ら決定する権利を**リプ**

**ロダクティブ権**という。この権利の重大侵害事例として、旧優生保護法の生殖不能手術の問題がある。旧優生保護法 1 条は、「この法律は、優生上の見地から不良な子孫の出生を防止するとともに、母性の生命健康を保護することを目的とする」(1948年)と定めていた。また同 3 条は、医師は優生手術を行うことができると規定し、その対象者として、①本人又は配偶者が遺伝性精神変質症、遺伝性病的性格、遺伝性身体疾患又は遺伝性奇形を有しているもの、②本人又は配偶者の四親等以内の血族関係にある者が、遺伝性精神病、遺伝性精神薄弱、遺伝性精神変質症、遺伝性病的性格、遺伝性身体疾患又は遺伝性奇形を有し、且つ、子孫にこれが遺伝する虞れのあるもの、③本人又は配偶者が、癩疾患に罹り、且つ子孫にこれが伝染する虞れのあるもの、などを規定していた。これらに該当する者は、本人の同意なしに強制不妊手術が行われ、その人数は約 1 万6500人に及ぶといわれている。

　裁判所は、旧優生保護法が強制的に不妊手術を定めた各条項について、憲法13条及び24条 2 項に違反するとする判決を多く下している。ただ、民法旧724条（現民法724条 2 号／消滅時効に変更）では、不法行為の時から20年を経過したときには、当該不法行為による損害賠償請求権の除斥期間が経過し、国家賠償請求はできないと判断され、訴えは棄却され続けていた。しかし、強制不妊手術という究極的な人格権の侵害行為について、国が除斥期間を適用し、その法的責任から免れることは不条理である。高裁レベルの判決では「除斥期間を適用することは著しく正義・公平の理念に反する」とされ、除斥期間の適用を否定し、国家賠償請求を認容する判決が出され始めた（大阪高判令和 4 年〔2022年〕 2 月22日判例集未登載、東京高判令和 4 年〔2022年〕 3 月11日裁判所 HP）。今後の最高裁判所の判断が待たれる。

**Book Guide** ●

家永三郎『教科書裁判』（日本評論社、1981年）

宮崎正博『表現の自由の現代的展開』（日本評論社、2022年）

奥平康弘『憲法の想像力』（日本評論社、2003年）

同『なぜ「表現の自由」か』（東京大学出版会、1988年）

# 経済的自由

## ① 経済的自由の意義

　自由権は、精神的自由、経済的自由、人身の自由の３つに分けられる。**経済的自由**は、精神的自由、人身の自由とは異なり、「**公共の福祉**」によって制約を受ける場合が多い。というのも各人の経済活動を自由気ままにさせたならば、社会的公平は妨げられ、各人の幸福の条件は縮小化してしまうからである。そこで国家が「公共の福祉」の観点から積極的に経済活動へ関与し、一定の枠を設定することが求められる。たとえば、経済活動の自由があるからといって、住宅街で24時間型スーパーの経営が行われたら、近隣住民は騒音でたまらないであろう。そこで20世紀に入り、各人の経済活動を「公共」の視点から捉え直す一方、第９話で言及する個人の実質的自由保障として社会権の創設を資本主義国家は採用したのである。その意味で20世紀資本主義国家は、社会主義国家から実質的な富の公平という概念を学んだといえる。

　憲法22条は「何人も公共の福祉に反しない限り、居住、移転及び職業選択の自由を有する」と定めている。封建社会では個人は土地に拘束されており、自由な移動は許されていなかった。経済的自由の根本は、どこに住むかどこへ移動するかは個人の自由なのだという点である。「東京の仕事は都民に限る」となれば、多

くの人が職にありつけなくなるであろう。

　今日では**居住・移転の自由**は当然だと思われているが、「公共の福祉」の文言は居住・移転の自由にもかかっている。犯罪者が刑務所に入る場合、かれらに居住・移転の自由が認められないのは合理化できる。もっとも普通の人でも制約を受ける場合がある。それは新型インフルエンザやエボラ出血熱のような伝染性が高い感染症にかかった者への規制である。感染者が自由に移動すれば感染が拡大化するため、「公共の福祉」の視点から一定期間、本人の同意がない場合にも入院させることができる（感染症19条）。

　もうひとつは海外渡航との関係である。海外に行くときは事前に外務省より旅券（パスポート）の発給を受け、出入国時にこれを提示しなければならない。旅券取得は国外出国のための絶対条件である。しかし旅券法は必ず申請者に旅券を発給しなければならないという規定にはなっていない。旅券法13条1項7号によれば「著しく、かつ、直接に日本国の利益又は公安を害する行為を行うおそれがあると認めるに足りる相当の理由がある者」に対しては旅券発給は認められない。この条文を盾に国外で政治活動をする者に発給を拒否した事例につき、最高裁判所は発給不許可を合憲と判断したことがある（最大判昭和33年〔1958年〕9月10日民集12巻13号1969頁／**帆足計事件**）。しかし、通説は同法のこの法文は、明確性の基準に照らし違憲としている。


## ②　職業選択の自由と仕事の価値

### 1.　仕事・労働の人権的価値　◇◇◇◇◇◇◇◇◇◇◇◇◇◇◇◇◇◇◇◇

　「二重の基準論」、「精神的自由の優越的地位」からすれば、経済的自由は精神的自由と異なってワンランク下位の人権と捉えら

れている。経済的自由、こと**職業選択の自由**に対し「公共の福祉」による制限が当然視されているからである。しかし職業選択の自由の人権価値が低いとみるのは誤りである。経済的自由が精神的自由よりも国家政策による規制を受けやすく、自由の規模が小さいのは事実である。けれども人権価値も小さいことはない。というのは、仕事（労働）を通じた自己実現は、学校を終えてから人生の最後まで継続する人間の営みであり、人間は若年世代は学問を通じて、その後は仕事によって自分自身を作っていくからである。職業と仕事は精神的自由と切断できない人間の重要な価値それ自体である。

　職業選択の自由は、自己の従事すべき職業を決定する自由、営業の自由の2つを含む。とはいえ、職業選択の自由は合理的理由により多くの制限が課せられている。その類型は3つに分けられる。(1)資格要件制限、(2)営業の許可制、(3)国策制限である。

　(1)資格要件制限とは、一定の職業に就くにはそれに相応しい個人の能力が必要であるという制限である。弁護士、医師などの業務を行うには国家資格が不可欠であるとするのは、当然であろう。

　(2)営業の許可は、個人の資格・能力のみならず、地域的・業種的特性を考慮し、法律で定められた要件を満たした場合にだけ、営業を許可するという制限である。たとえば、小学校の隣にゲームセンターを作ることは、地域的特性から認められないとする規制は合理化できるであろう。また、リサイクル社会とはいえ誰もが中古品を自由に売買できるわけではない。古物営業法上の許可を得なければ、職業としてリサイクルショップを開くことはできない。というのも「盗品等の売買の防止、速やかな発見等を図る」ことが中古市場では求められているからである。

　(3)国策制限とは、国家の政策として一定の業種に関しては新規

の市場参入を許さないという最も厳しい規制である。かつては、塩、タバコの生産・販売は国家独占であった。数年前までは郵便事業も国家独占であった。また公共性が極めて高い電力会社は地域的独占が認められていたが、現在では規制緩和が進み市場開放が部分的に認められ始めている。ただし、個人の電力の自由販売は現在でも認められていない。

## 2．営業の許可と規制

　営業の規制目的は、2つに分けられる。(1)**警察的・消極的規制目的**、(2)**社会経済的・積極的規制目的**である。警察的・消極的規制とは、各人の生命や健康に対する危険性を回避するために行われる規制である。すなわち、市場原理に委ねてしまうと各人の生命・健康が侵害されるおそれがあるので、「公共の福祉」に内在する制約として営業の自由を一定程度制限することが必要不可欠だと捉える。これに対し、社会経済的・積極規制とは、主に社会の弱者の生存・生活の保障のために行われる規制である。すなわち、ある特定の事業につき、市場原理よりも福祉国家の実現に重点を置き、社会的弱者への実質的公平を確保するために行われる規制である。もちろんこの制限も「公共の福祉」の範囲内であるが、警察的・消極的規制の場合とは異なり、ここでは「公共の福祉」を社会国家的要請として拡大的に解釈していく。

## 3．規制目的二分論と憲法訴訟

　営業の許可制がある業種では、距離制限という手法で新規事業者の市場参入を認めず、既存事業者の保護のための規制が設けられている。これまで判例上、3つの業種につき重要な憲法判断が下されている。(1)公衆浴場の距離制限、(2)薬局の距離制限、(3)小

売市場の距離制限である。

　先の規制目的の区分でいえば、警察的・消極的規制目的とされているのは公衆浴場と薬局の距離制限、社会経済的・積極規制目的としては小売市場の距離制限が判例上も認められている。

　**公衆浴場**に距離制限がある論拠は、公衆浴場の設置を自由にすれば、公衆浴場の設置地域の偏在化、乱立による過当競争の激化、経営の不安定化、衛生設備等の低下が生まれ、結果的には公衆浴場利用者にとって国民保健及び環境衛生の上から望ましくない事態が発生するからである。最高裁判所は、こうした因果関係性を認め、距離制限規定を合憲とした（最大判昭和30年〔1955年〕1月26日刑集9巻1号89頁）。また薬局の距離制限については、最高裁判所は、距離制限を設ける理由を競争の激化、経営の不安定、法規違反という因果関係に立つ不良医薬品の供給の危険は、「単なる観念上の想定にすぎず、確実な根拠に基づく合理的な判断とは認めがたい」と判示し、当該距離制限規定を違憲と判断した（最大判昭和50年〔1975年〕4月30日民集29巻4号572頁）。

　経済的自由への規制は憲法的に「合理性」がなければならないが、特に、警察的消極的規制の場合は、国民の生命・健康のために行われる規制である以上、当該規制はより高次な合理性が必要である。最高裁判所は、薬局距離制限規定の憲法適合性を審査するにあたって、「**厳格な合理性**」の基準を当てはめ、規制の必要性を検討し、薬局の場合、不良医薬品の供給は営業の自由を制限する距離制限規制とは関係なく、別の方策によって達成されるべきだと判断した。

　社会経済的・積極的規制の場合も、営業の自由を制限するには憲法的合理性が必要ではあるが、その合理性の程度につき警察的・消極的規制とは異なり、「**明白の原則**」が採用される。つまり、

社会経済的規制が著しく不合理であることが明白である場合に限って、当該規制には憲法的合理性はないとみる。小売市場の距離制限規定につき、最高裁判所は「小売市場の許可規制は、国が社会経済の調和的発展を企図するという観点から中小企業保護政策の一方策」と捉え、そのような目的をもった当該距離制限の規制に対しては、この規制を設けた立法府の判断を尊重するという立場をとっている（最大判昭和47年〔1972年〕11月22日刑集26巻9号586頁）。

　つまり、社会経済的・積極的規制の場合には、裁判所は当該規制を構築した国会の判断を尊重し、国会に広汎な立法裁量を認め、裁判所が「明白にこの規制が憲法的合理性がない」と判断した場合に限って、当該規制を違憲とするわけである。したがって、社会経済的・積極的規制の場合は、警察的消極規制とは違って当該規制の違憲の推定力は著しく減退する。

　日本経済が閉鎖的であるという諸外国からの批判に対し、規制緩和・撤廃が行われるべきであるという主張をよく耳にする。とりわけ市場原理主義者からは、「民間にできることは民間に任せよ」という意見が新聞・論壇を騒がしている。確かに経済的分野の規制には不合理なものも多く、既存事業者を保護するために国の許認可権維持、省庁の特殊法人の利益が跋扈している事態も見受けられる。しかし規制緩和をする場合には、当該規制目的はどこにあるのかを見極めることが必要である。この点、旧薬事法上、「第1類・第2類医薬品」について、ネット・郵便販売規制を禁止し、対面販売に限定した薬事法施行規則を違憲とした最高裁判所の判断は、今日の規制緩和論と親和的である（最判平成25年〔2013年〕1月11日民集67巻1号1頁）。もっとも規制緩和を遂行し、国民の健康が損なわれては、元も子もない話であろう。逆に社会経済的・積極規制の場合は、既存事業者保護が主目的であるが、この規制

を撤廃することによって、ビジネスチャンスが生まれる可能性は
高い。しかしこれによって失われる利益、具体的にいえば、郊外
型店舗の拡大と駅前商店街の衰退という局面をみるとき、規制緩
和策の副作用も吟味することも忘れてはならない視点である。

### ③ 財産権の保障

#### 1. 財産権と損失補償 ◇◇◇◇◇◇◇◇◇◇◇◇◇◇◇◇◇◇◇◇◇◇◇◇◇

　憲法29条1項は「財産権は、これを侵してはならない」と定め、
同2項では「財産権の内容は、公共の福祉に適合するように、法
律でこれを定める」、同3項では「私有財産は、正当な補償の下に、
これを公共のために用いることができる」と定めている。憲法29
条も22条と同様、「公共」概念によってその権利内容を制限でき
ることを憲法は前提としている。

　憲法29条3項によれば、「正当な補償」があれば、私有財産は
制限できるとされている。たとえば、道路拡張工事のように、必
要のある道路を造らざるを得ないときには、「正当な補償」を条
件に人々の土地を収用するしかない。しかし、どの場合にも損失
補償があるかといえば、社会的に受忍すべきものについては補償
されないと考えられる。たとえば、景観保護のため広告規制が行
われ、広告を撤去しなければならないときには、自費で撤去費用
をまかなうべきと考えられる。補償されるのは、特定人に対し財
産権の本質的内容を侵すほど強固な特別の犠牲を強いるときに限
られる。また、**損失補償**の内容は「正当」でなければならないが、
基本は市場価格を下回ってはならないとする完全補償説が通説で
ある。

## 2. 国家賠償 ◇◇◇◇◇◇◇◇◇◇◇◇◇◇◇◇◇◇◇◇◇◇◇◇◇◇◇◇◇◇

先の損失補償が、国の適法な権力行使によって発生した個人の損失を補償するのに対して、**国家賠償**は国の違法な行為によって発生した個人に対する不利益につき国家が償い金を支払う制度をいう。憲法17条は「何人も、公務員の不法行為により、損害を受けたときは、法律の定めるところにより、国又は公共団体に、その賠償を求めることができる」と定めている。この国家賠償請求権は人権体系上、**国務請求権**と呼ばれている（国務請求権は、そのほか憲法16条の請願権、同40条の刑事補償請求権がある）。

憲法17条を受けて国家賠償法が定められている。国家賠償法は2つの柱からなる。(1)公権力の行使にもとづく損害賠償、(2)公の営造物の設置管理の瑕疵にもとづく損害賠償である。前者の例をあげると、公立学校の教師が生徒に体罰を加え、鼓膜損傷を発生させた場合のように、明らかに教師側に不法行為がある場合である。公立学校の設置者である市町村は訴えられれば、損害賠償を支払わなければならない。

後者の例をあげると、公立学校のグランドにある鉄棒が壊れていたにもかかわらず、修理をせずまた立入禁止措置などを怠っていた場合、その鉄棒を利用した生徒がケガをしたときには「公の営造物」＝「体育施設」の設置につき通常有すべき安全性が欠いていたと判断され、学校側に損害賠償責任が発生する。学校は絶対に安全なところであることが求められているので、道路・公園などの営造物に比べてより高いレベルの安全性が、裁判上も求められている。

**Book Guide ●**

芦部信喜『憲法判例を読む』（岩波セミナーブックス、1987年）
宇賀克也『国家補償法』（有斐閣、1997年）
渡辺洋三『財産権論』（一粒社、1985年）

第8話

# 人身の自由

　人身の自由は、法学部では刑事訴訟法の分野として３年生から学ぶ領域である。憲法を学び始めたばかりの諸君にとっては細かな刑事手続は、うんざりしてしまうかもしれない。しかし、刑事事件は諸君にとって縁遠い話ではない。というのも、諸君が善人で法に触れることはしない人物だとしても、疑うのは警察サイドだからである。さらに諸君は犯罪に巻き込まれるかもしれない。被害者ではなく、加害者としてである。というのも、刑法の世界では、人殺しや泥棒ばかりが犯罪とされているのではなく、ビジネス上の法令違反も刑事罰の対象になっているからである。いわゆるホワイトカラー犯罪である。

　犯罪嫌疑がかけられ、実際に刑事裁判を受けることを想像して、刑事裁判の流れを修得しておきたい。この知識は、諸君が将来、裁判員として刑事裁判に参加するときに必ず役に立つはずである。


## 1　起訴前手続

### 1．適正手続の保障

　憲法31条は「何人も、法律の定める手続によらなければ、その生命若しくは自由を奪われ、又はその他の刑罰を科せられない」

と定めている。本条は適正手続条項と呼ばれ、各人に国が不利益
処分をするにあたって、法律でその手続を定め、しかもその法律
の内容も適正でなければならないことを要求している。加えて、
本条は手続のみならず実体法、すなわち刑事訴訟法（手続法）の
みならず刑法（実体法）にも妥当する。つまり本条は、刑事法上
の罪刑法定主義を明らかにした憲法原則とみられる。

　**罪刑法定主義**とは、刑罰に値する行為を予め国会が制定する法
律において定め、その内容が憲法的合理性をもつことをいう。罪
刑法定主義の具体的内容として、(1)成文法主義、(2)事後法の禁止
（刑罰不遡及の原則）、(3)類推解釈の禁止、(4)法文の明確性の原則が
要求される。

## 2．逮捕の三類型

　犯罪捜査は、通常、任意捜査から始まる。ある一定の段階で犯
罪容疑が固まった後からは、強制捜査に切り替わる。強制捜査の
端緒は被疑者の逮捕である。**逮捕**とは、身体を拘束し、一定期間、
引き続き身体拘束を継続する行為である。

　逮捕は憲法上、(1)**令状逮捕**、(2)**現行犯逮捕**の 2 種類だけである
が（33条）、刑事訴訟法では(3)**緊急逮捕**も法定化している（刑訴210
条）。緊急逮捕については違憲論もあるが、最高裁判所は、「罪状
の重い一定の犯罪のみについて、逮捕後直ちに裁判官の審査を受
けて逮捕状を求めることを条件」とすれば、緊急逮捕は合憲であ
ると判示している（最大判昭和30年〔1955年〕12月14日刑集 9 巻13号
2760頁）。

　以下では、(1)令状逮捕を例に逮捕から起訴までを時間軸に沿っ
て説明しておこう。まず、被疑者を逮捕するには捜査機関が逮捕
状を裁判所に請求することから始まる。刑訴199条によれば、請

求権者は検察官、検察事務官、司法警察職員である。司法警察職員とは警察官を指すが、逮捕状請求権者となれる者は警部以上の警察官に限る（刑訴199条2項）。逮捕状の請求を受けて裁判官が逮捕状を発行する。逮捕状を受け取った捜査機関は被疑者を逮捕し、その時点から48時間以内に検察官に送致しなければならない（刑訴203条）。これを**送検**という。被疑者を受け取った検察官は24時間以内に裁判官に**勾留請求**しなければならない（同205条）。つまり、逮捕状の時間的効力は合計72時間である（いわゆる3泊4日）。

　72時間で捜査終了ということはまずないので、引き続き勾留が行われる。勾留手続は裁判の形式で行われ、被疑者は初めて第三者である裁判官の前で質問を受けることができる。裁判官は、勾留することが適切か否かの判断をするだけであり、有罪無罪の判断はそこではしない。ほとんどの場合、裁判官はすぐに勾留決定をする。勾留期間は10日間であり、10日目に改めて勾留決定裁判が開かれ10日間の延長が認められ、合計20日被疑者は勾留される（同208条）。逮捕時から数えれば、20日＋72時間も被疑者の身体が拘束される。

　勾留終了後、本裁判が始まる。起訴は検察官だけが行うことができる。これを検察官の**起訴独占主義**という（同247条）。ただ、すべての刑事事件が本裁判になるわけではない。検察官は、刑訴248条の所定事由を踏まえて、起訴しないこともあるからである。これを検察官の**起訴便宜主義**という。つまり勾留終了後、検察官は起訴をして本裁判を開くか、不起訴として裁判をしないこともできる。不起訴には、(1)有罪は確実であるが本人・被害者の事情等を考慮し、起訴猶予処分が行われる場合と、(2)検察官が無罪の心証をもったときには嫌疑不十分として不起訴とする場合の2つに大別できる。

## 3．被疑者の人権 ◇◇◇◇◇◇◇◇◇◇◇◇◇◇◇◇◇◇◇◇◇◇◇◇◇◇◇◇◇◇◇◇◇◇◇

　冤罪は絶対に避けなければならない。しかし冤罪は日本ではよくみられる。その主因は捜査機関の自白偏重捜査にある。捜査機関は被疑者に対して自白を獲得するために、かなり強引な捜査を行っている。

　被疑者の人権で最も必要なのは、逮捕・勾留期間中、被疑者と弁護士とのやりとりが保障される点にある。それには、被疑者がまず弁護人を依頼できる環境がなければならない。憲法37条は被告人には明示的に無償の国選弁護人が付されることを保障しているが、被疑者には認められていない。ただ2009年5月からは必要的弁護事件（刑訴289条／重大な犯罪）につき、勾留され資力のない被疑者には国選弁護人を付すことができるようになった（刑訴37条の2）。また、警察署内には地域の弁護士会への連絡方法が張り出されているので、捜査担当者に「弁護士をお願いしたい」といえば、弁護士は直ちに駆けつけてくれる。

　**弁護人依頼権**の保障は、被疑者が弁護人と事件について自由に相談できる環境の保障を含む。両者が事件について相談する機会を**接見交通権**（刑訴39条）という。検察側は被疑者の自白を獲得するために被疑者を精神的に追いつめようと意図しているため、弁護士が現れれば被疑者は自白しなくなると考えているようである。しかし、これは全く本末転倒であり、被疑者は無罪の推定を受ける立場にある。捜査機関の都合によって、接見の時間を指定したり、回数を制限するなどは憲法的合理性のない発想である。

　さらに**代用監獄**（**代用刑事施設**）の問題がある。「刑事収容施設及び被収容者等の処遇に関する法律」の15条によれば、被疑者は「刑事施設に収容することに代えて、留置施設に留置」される。本来であれば、拘置所に勾留者は拘置されるが、拘置所数が少な

いこともあり、多くの場合、警察署内に設置される代用施設（いわゆるブタバコ）内で拘置される。しかし、代用監獄は先進国にはない日本独特な拘禁施設である。刑事司法の原則は、被疑者を捜査機関と同一の場所に継続的に留め置いてはならない点にある。というのも、常時、同一空間に被疑者がいれば、捜査機関の都合によって24時間いつでも取り調べ可能であるからである。日本の刑事捜査が自白偏重型である点は、刑事施設の形態にも現れている。冤罪事件が発生するたびに、過酷な取り調べの実態が明らかになるが、それは捜査機関の都合によって、被疑者を長時間取り調べできる環境があるからである。代用監獄は早急に廃止し、法務省管理下の拘置施設を整備する必要がある。

## ② 被告人の権利保障

被疑者が被告人になる境は、起訴の時点である。起訴は公判請求ともいうが、起訴があればテレビで見るような刑事裁判が始まる。もちろん被告人も被疑者と同様、無罪の推定を受ける。したがって、検察官は有罪であることを立証し、これに失敗すれば被告人は無罪となる。被告人につく弁護士は無罪の証明はしなくても良い。検察官の証明が完全ではないことを反論すればいいのである。弁護士が検察官のいうことに文句ばっかり言っているという印象があるかもしれないが、検察官の主張は「自分はこう考える」という物語であり、真実ではないのである。弁護士は検察官の主張を「フィクション」として聞き、その矛盾点をつくから些細なことで文句を言っていると思われるのであろう。

## 1. 被告人の権利

被告人の権利として、公平な裁判所において迅速な裁判を受ける権利（37条1項）、証人審問・喚問権（同2項）が重要である。迅速な裁判が争われた事件として**高田事件**が有名である。第一審が開始されてから約15年間裁判が中断された事件について、最高裁判所は、本件は「憲法37条1項の迅速な裁判の保障条項に明らかに違反した異常な事態に立ち至っていた」と判示し、免訴の判決を下した（最大判昭和47年〔1972年〕12月20日刑集26巻10号631頁）。現在では、「裁判の迅速化に関する法律」により第一審は2年以内に判決が出るよう定められている（同2条）。裁判の迅速化の責任は法曹三者にある。被告人の権利にとって最善な刑事司法の構築が望まれる。

その他、被告人の権利として、弁護人依頼権（37条3項）、黙秘権（38条）、拷問を受けない権利（36条）、自白強要の禁止（38条）が憲法上保障されている。

## 2. 刑事司法の課題

鹿児島県志布志市で起きた選挙違反事件で起訴された被告人全員に無罪判決が下され、本件がでっち上げであったことが明らかになった。この捜査は自白を強要し、アリバイがあったにもかかわらず、これを無視し、捜査機関が自作自演の事件を作り上げた希有の事例である。そこまで極端ではないにせよ、捜査機関が自白偏重捜査を改めない限り今後も同じケースは必ず発生するであろう。また、現在、**捜査の可視化**のもと、取り調べ室に小窓を設けるなどの施策がとられているが、本質はそんなところにはない。可視化とは取り調べ過程全般の透明化の保障であり、取り調べ全過程の録画・録音が本来必要である。しかし警察はこれに消極的

である。というのも、「ビデオの前では本当のことをしゃべって
くれない」のが理由であるが、本当は捜査官が無理な捜査をして
いることがわかってしまうのが恐ろしいからであろう。

　違法な手段で捜査機関が証拠を集め、これにもとづき有罪らし
い自白と証拠をさらに集めるという負の連鎖は断ち切らねばなら
ない。刑事司法上、アメリカで確立した法理として**違法収集証拠
排除の法理**がある。憲法35条は令状主義を定めているが、この令
状主義の中身の問題として、捜査側に手続違反がある場合には、
この手続で獲得した証拠は裁判では使うことができないとする原
則である。その結果、被告人は——たとえ真犯人だとしても——
有罪とされることはないという極めて捜査機関にとって不利な状
況が設定されることになる。

　最高裁判所は、「令状主義の精神を没却するような重大な違法
があり、これを証拠として許容することが、将来における違法な
捜査の抑制の見地からして相当でないと認められる場合において
は、その認拠能力は否定されるものと解すべきである」と判示し、
違法収集証拠排除の法理を採用している（最判昭和53年〔1978年〕9
月7日刑集32巻6号1672頁）。今後は、この法理の積極的活用が望ま
れよう。

### ③　犯罪被害者の権利

　憲法は人身の自由について多くの憲法上の権利を被疑者・被告
人に与えているが、犯罪被害者の権利は一切触れていない。犯罪
被害者の権利は、憲法上の人身の自由の課題ではなく、民法上の
人格権に関する問題であり、被害者は加害者に対し別途、民事訴
訟を提起することによって不法行為責任を追及し、損害賠償金を

受け取れば事足りると考えられていたからである。しかし、犯罪被害者への法益侵害は、金銭問題にとどまらない。「犯罪がなぜ起きたのか、被告人は今何を思っているのか、裁判で何が明らかになったのか」など、被害者の心の整理も金銭的補償以上に重要な課題だという視点が共有され始めた。犯罪被害者の会などの運動もあり、少しずつ犯罪被害者への国家的支援が動き出してきている。

　当初、犯罪被害者への給付金支給制度の創設（犯罪被害者等給付金法／1980年）から始まった犯罪被害者への立法措置は、その後、**犯罪被害者等基本法**（2006年）の成立を促し、現在では「犯罪被害者等の保護を図るための刑事手続に付随する措置に関する法律」の改正が行われ、犯罪被害者が刑事裁判に参加できるように犯罪被害者の公判傍聴の権利、公判記録の閲覧及び謄写の権利が保障されるまでに至っている。また犯罪被害者が被告人に対し損害賠償を得るために民事訴訟を提起する必要性があるが、刑事裁判を利用して損害賠償請求が可能な制度も新設された。犯罪被害者が一家の大黒柱の場合、一時的金銭給付はあまり有効ではない。継続的な金銭給付制度（年金支給型）の新設などまだまだ課題は多い。

**Book Guide** ●

朝日新聞社鹿児島総局『「冤罪」を追え 志布志事件との1000日』（朝日新聞出版、2008年）

梓澤和幸『報道被害』（岩波新書、2007年）

酒巻匡『刑事訴訟法〔第2版〕』（有斐閣、2020年）

# 生存権と労働基本権

## ① 社会権の意義

　憲法25条から28条までは社会権規定である。**社会権**とは自由権とは異なり、国家による自由を基本とする。つまり、自由権が国家からの自由を本質とするのに対して、社会権は、各人が国家に対して一定の作為を要求し、これに国家が応えることによって充足できる請求権的な憲法上の権利である。

　社会権は、自由権の一種である経済的自由を「公」によって制約すべきとする憲法観と共に生まれた。すなわち、ドイツのヴァイマル憲法（1919年）は「所有権は義務を伴う」（153条）と定め、18世紀的な「所有権の不可侵性」を大きく修正した。しかも同憲法は「人たるに値する生存」（151条）を国家が国民に与え続けることを国家の使命と定めた。こうした憲法規定の登場は、憲法の革命的転換を意味している。というのは、18世紀では、国家が国民にとって必要最小限の任務、治安維持や外交だけをすればよく、残りは社会の自由に委ねれば予定調和的に社会が発展し、国民が幸福になるという見方が支配していた（**夜警国家**）。自由放任主義（レッセフェール）こそ、国家の理想型であり、国家は最小国家であることが期待されていたからである。

　しかし、それは虚像であることが明らかになった。「お腹がす

いた自由」、「教育を受けないまま放置される自由」、「雇い主から搾取される自由」は、人間の幸福の条件を破壊したからである。19世紀の社会主義思想（マルクス・エンゲルス）を継受したロシアが社会主義国家の樹立（1917年）に成功し、これに恐怖を覚えた資本主義諸国は、これ以降、自己体質改善を図らざるを得なかった。それは、自由と権利の意味を人間の実存に関係させるように再定義し、国家が積極的に国民の自由と権利を保護する必要性に気づいたからである。1947年に制定された日本国憲法は、こうした世界の憲法史の流れの中で、社会権条項を導入したのである。

## ② 生 存 権

### 1．生存権の権利の性格

憲法25条は「すべて国民は、健康で文化的な最低限度の生活を営む権利を有する。国は、すべての生活部面について、社会福祉、社会保障及び公衆衛生の向上及び増進に努めなければならない」と定めている。この憲法規定は国民に**生存権**を保障しているが、しかしその権利の性質については、今日まで見解の一致をみていない。というのも、自由権は、国家が個人の領域に関与しなければしないほど、その自由保障度は増すのに対して、生存権は逆に国家の関与がなければ実現不可能であり、したがって各人の生存権の幅は国家の積極度に対応するからである。

生存権の権利の性格に関しては、大きく分けて2つの立場がある。(1)**プログラム規定説**と権利説である。後者はさらに(2)**抽象的権利説**と(3)**具体的権利説**に分けられる。

プログラム規定説とは、憲法25条は国民に対し権利を保障した規定ではなく、国家に対する訓示的規定であると捉える。プログ

ラム規定説は社会権条項を初めて規定したヴァイマル憲法時代の通説である。当時の学説をそのまま憲法25条に反映させることによって、生存権を憲法上の権利問題ではなく、国会の法政策問題だと捉えるのがプログラムの原意である。したがって、プログラム規定説によれば、国会が25条の権利内容をどうにでも動かすことが可能となる。

　プログラム規定説の根拠として次の3点があげられている。①「健康で文化的な最低限度の生活」の規定内容が不明確であること、②資本主義国家では個人の生活は自己責任であること、③生存権は国家財政の規模に依存し、財政状況によっては生存権保障の実質が異なること、である。最高裁判所も基本的にはプログラム規定説を採用している。すなわち25条1項は最低限度の生活を「営み得るように国政を運営すべきことを国の責務として宣言したにとどまり、直接個々の国民に対して具体的権利を賦与したものではない」、「健康で文化的な最低限度の生活なるものは、抽象的概念であり、その具体的内容は……多数の不確定的要素を綜合考慮してはじめて決定できるのである」と判示している（最大判昭和42年〔1967年〕5月24日民集21巻5号1043頁／**朝日訴訟**）。

　これに対し権利説は憲法25条は国民に対する権利を保障した規定であると捉える。しかし憲法25条の段階で国民に具体的権利が付与されたか否かによって、2つの立場に分かれる。抽象的権利説は憲法25条の段階では生存権の中身は決定できず、法律の制定によってその具体的権利性は定まるとみる。具体的権利説は憲法25条自体が国民に生存権を具体的権利として付与された裁判規範とみる。

　両者の違いは、国民の生存権が脅かされ国がこれを救済しない場合、その危険な環境の原因が法律の不十分さに起因しているの

か、それともそもそも救済法自体の不存在に起因しているのかという点で差違が生まれてくる。不完全な法律のために生存権が侵害されているときには、抽象的権利説も具体的権利説も同一の効果を発揮する。両学説とも、当該法律の規定が憲法25条に照らして合憲性をもっていないと把握可能だからである。

これに対して、救済法が不存在の場合、抽象的権利説からは憲法25条は国民に具体的権利を与えていないため、立法の不存在を理由に訴訟において違憲主張をすることは不可能である。他方、具体的権利説によれば、法律の不存在そのものが憲法25条の生存権という個別具体的な国民の権利を侵害していると主張することは可能である。つまり、当該立法不存在自体が違憲状態を発生させ、個人の憲法上の権利侵害が継続していると把握することができる。したがって具体的権利説は、立法の不作為自体を訴訟で争うことが可能となる。その点、具体的権利説は抽象的権利説とは異なり、憲法25条に**訴求可能性**、つまり憲法25条には裁判規範性があるとみるのである。

確かに国民の生存権が侵害される場合を考えると、立法が不存在であるということは想定しにくい。ほとんどが立法措置の不十分性あるいは法律の規定の不平等適用が問題となる。しかし想定外の事態が発生することもあり、立法の不作為違憲確認訴訟の可能性は排除すべきではないであろう（熊本地判平成13年〔2001年〕5月11日判時1748号30頁／**ハンセン病国家賠償請求事件**）。したがって具体的権利説は、国の怠慢に対抗した有意義な学説である。

## 2. 生活保護法

生存権を具体化した法律として生活保護法がある。**生活保護法**は戦後直後の混乱期に制定されたが、現在の生活保護法の原型は

1950年改正法である。

　生活保護法1条は、最低生活保障と自立助長が定められている。国民が生活困窮状態にあるとき、最低生活保障を行うが、しかしそれは自立するまでの期間であり、なるべく早く生活困窮状態より抜け出ることを基本的な発想としている。同2条は無差別平等主義を定めている。しかし、生活保護法は国民の権利であるため、基本的には外国人には適用されない。日本にいる外国人への生活保障は所属国家の責任だからである。ただし、永住外国人については行政措置として生活保護法にもとづく給付対象者としている。

　3条は、「健康で文化的な最低限度の生活」水準が給付されることを定めている。法律では具体的な金額が定められておらず、生活保護法を受ける人の境遇、人数、居住地などを総合判断し、厚生労働省の基準によって金額が決定される。たとえば母子世帯3人（低年齢の子供2人）の場合、都市部では月額約17万円、地方では約14万円位である。住む場所で開きが生じるのは、「住宅扶助」の金額が違うからである（家賃代の相違）。

　4条は、補充性の原則を定めている。すなわち同1項では「利用しうる資産、能力その他あらゆるものを、その最低限度の生活の維持のために活用すること」を条件として生活保護法申請を行うことが求められている。つまり、突然夫が交通事故で死亡した場合、毎月の給与は今後、途絶えるからといって生活保護法申請ができるわけではない。預貯金、さらには生命保険の保険金などがある内は、申請できない。

　加えて同2項は民法上の「扶養義務者の扶養及び他の法律に定める扶助は、すべてこの法律による保護に優先して行われるものとする」と定めている。民法上の扶養義務者とは(1)直系血族及び兄弟姉妹、(2)三親等以内の親族をいう（民877条）。また別の法律

による保護がある場合には、当該法律の扶助を優先するという「**他法優先主義**」が定められている。要するに、資産を食いつぶし、親戚からの援助もなく、その他の救済法による扶助もないという究極的な場面で、最後のセーフティーネットとして生活保護法は初めて機能するのである。

　7条は申請保護の原則を定めているが、要保護者が自身で保護申請を行うことが原則である。なお、生活保護費は「健康で文化的な最低限度の生活」に足りない部分を扶助する基準及び程度の原則（8条）、世帯単位で扶助すること（10条）などが法定されている。

### 3．生活保護法の課題

　**生活困窮者自立支援法**が2013年に制定され、生活困窮者への自立の支援として「地域における福祉、就労、教育、住宅」などについて、都道府県、市町村が積極的に関与すべきとする枠組みが法律化された。この法律に基づき、各自治体は条例制定をはじめ、NPO組織と連携しながら、多様な支援策を現在も策定中である。しかし、生活困窮者の数は、急増している。2023年には生活保護受給世帯は、164万世帯、200万人を超えるまでに至っている。老人世帯数が増えたため、要保護者数も増えたことが主原因である。第一次産業（農業・漁業など）従事者や自営業者が受け取る国民年金の受給額は、生活保護法で支援が必要な所得とされる金額以下である。年金制度の不備が要扶助者の急増に拍車をかけている。

　これに対し政府は、生活保護申請を扱う各地方自治体への締め付けを強化している。とりわけ生活保護法7条（申請保護の原則）を厳格に適用し、申請者を窓口で規制する「水際作戦」を行う自治体は数多い。極端な事例は、要扶助者の保護継続を断念させよ

うと仕向け、その結果、餓死に至ったケースも報告されている。

　一方、労働規制緩和以降、若年者の貧困問題は深刻である。ネットカフェ難民、日雇い派遣労働など、現在30歳代から約40歳代までのいわゆるロスト・ジェネレーション世代は展望のない生活を送っている。とりわけ住所の定まらない人たちは、事実上、ホームレス生活者と同様、生活保護申請も不可能である。申請には住所が必要だからである。

　諸君は、生活保護は無関係だと思っているかもしれない。しかし、将来何が起こるかわからない。自立までの間、生活保護を受けることは決して恥ではない。憲法上の権利行使である。だが憲法25条の現実はあまりにもお寒い。


## ③　労働基本権

### 1．労働基本権の保障

　資本主義国家では、企業・使用者側が労働者に対し自己の都合の良いような労働雇用契約を結び、弱い立場に立つ労働者側が搾取されるという構造問題を抱えている。特に19世紀の資本主義国家は、労働者より優位に立つ企業が「契約自由の原則」を盾に過酷な労働条件の下に労働者を部品のように扱っていた。20世紀の資本主義国家は社会主義の思想を取り入れ、労働者保護を国家の役割として付加し、労働者保護法制を充実化させていった。日本国憲法に社会権が保障され、そのひとつに**労働基本権**の保障が加わったのはその意味で歴史的必然である。

　憲法27条1項「すべて国民は、勤労の権利を有し、義務を負ふ」と定め、各人が勤労・労働することを権利として保障している。同時に「義務」も定められているが、これは労働することを

国民に向かって宣言した規定であり、法的義務ではない。ちなみに憲法上の三大義務とは、教育義務・納税義務・労働義務であるが、これらは憲法的指針を示した訓示的意味しかもたない。

　憲法28条は「勤労者の団結する権利及び団体交渉その他の団体行動をする権利は、これを保障する」と定めている。すなわち労働者は、団結権、団体交渉権、争議権（ストライキ権）のいわゆる**労働三権**が憲法上承認されている。労働三権を実現するための法律として重要な労働三法がある（労働基準法、労働組合法、労働関係調整法）。


## ２．労働三権の意味 ∞∞∞∞∞∞∞∞∞∞∞∞∞∞∞∞∞∞∞∞∞∞∞∞∞∞∞∞∞∞∞

　団結権とは、労働組合結成権のことである。企業と１人の労働者との関係では、後者が明らかに劣位に立つため、労働者が団結して企業と対峙し合うことによって、対等な法的環境を整える必要がある。労働組合は労働者２人いれば自由に結成できる。労働組合法５条２項の列挙事項をもとに、「結成大会」を開けば「XX労働組合」は発足する。

　団体交渉権とは、労働組合が企業・使用者と労働条件（賃金・労働時間など）について交渉する権利をいう。労使間の交渉によって締結された文書を労働協約という（労組14条）。この協約の期限は３年であり、３年ごとに労使間で再度協約が締結されなければならない。

　争議権とは、労働者が使用者との関係において労働条件等につき意見の一致がみられないときに、労働者側が最後の手段として「業務の正常な運営を阻害するもの」をいう（労調７条）。もちろん暴力などは許されない。「労働条件が定まるまで仕事をしない」というサボタージュが争議行為の限界である。労働者側がサボタ

ージュと称して、不良品を作成することや、非組合員が仕事場に来ることを阻止するような行為（ピケ張り）は許されない。

## 3．公務員と労働基本権

国家公務員も地方公務員も労働三権は、制限されている。警察職員、消防職員、海上保安庁職員、防衛省職員、刑事施設（監獄）職員など治安関係職員は労働三権すべてが認められていない。その他の公務員も非現業公務員は、団体交渉権と争議権が否定され、現業公務員は争議権が認められていない。

私立学校の教員は、通常の労働者と同様、労働三権は保障されているが、公立学校の多くの教員は地方公務員であるため、様々な制限が加えられている。団結権については、労働組合の結成の自由は認められず、「職員団体」の結成にとどまる（地公52条）。また団体交渉権についても、「職員団体」は交渉権を有するが、各自治体との団体協約を締結することはできない（同55条1項）。争議権は全面的に禁止されている（同37条）。

最高裁判所は、これまで大きな判例変更を繰り返していたが、今日では、公務員の労働基本権を一律に制限することを合憲と判断している。すなわち最高裁判所は、**東京都都教組事件**において、地方公務員法37条の争議行為禁止規定を厳格に解釈し、違法性の強い争議行為だけを禁止していると判示したことがあった（最大判昭和44年〔1969年〕4月2日刑集23巻5号305頁）。都教組事件に先立ち**全逓東京中郵事件**において、最高裁判所は公共企業体の職員による争議権行使につき無罪判決を下していた（最大判昭和41年〔1966年〕10月26日刑集20巻8号901頁）。しかしその後、最高裁判所は、国家公務員については**全農林警職法事件**（最大判昭和48年〔1973年〕4月25日刑集27巻4号547頁）で大きな判例変更を行った。地方公務員

については**岩手教組学テ事件**（最大判昭和51年〔1976年〕5月21日刑集
30巻5号1178頁）において最高裁判所は、地方公務員が住民の全体
の奉仕者であるという抽象論を展開し、争議行為禁止規定である
地方公務員法37条を厳格に解釈する必要はないと判示した。この
判決によって地方公務員である教師が争議行為をしたときに刑罰
を科すことが、再確認されることとなった。

　こうした法律・判決のあり方に対し、憲法学説上、これを支持
する見解はほとんどない。またILO（国際労働機関）の『結社の自
由委員会中間報告』（2006年3月）では次のような勧告を日本政府
に提示している。(1)公務員に労働基本権を付与すること、(2)消防
職員及び刑務所職員に団結権を付与すること、(3)国家の名におい
て職権を行使しない公務労働者について、争議権を保障し正当に
争議権を行使する労働組合の構成員等につき民法上または刑法上
の罰則を科さないこと、である。しかし政府は現在まで、これら
勧告に対しては消極姿勢をとり続けている。


## ④　公務員の政治的行為の禁止

　国家公務員は国家公務員法102条において、地方公務員は地方
公務員法36条において、それぞれ労働三権の制限に加えて、市民
的自由である政治的行為が全面的に禁止されている。特に国家公
務員の場合は、禁止されるべき政治的行為の内容に関し**人事院規
則14-7**に白紙委任している。

　公立学校の教師を志す諸君は、地方公務員法36条を是非みても
らいたい。地方公務員の「政治的中立性」の保障のために、かく
も多くの制限が加えられることに違和感を感じるであろう。選挙
のときに投票をすることぐらいしか政治的活動はできないし、雇

われている地方自治体の外で僅かな活動が許されている程度である。

　現業公務員であった郵便局員が勤務時間外に選挙用ポスターを貼っただけで起訴されたことがある。最高裁判所は、「公務員の政治的中立性」を確保するために政治的行為を禁止することは、「禁止目的との間に合理的な関連性がある」と判示し、有罪判決を下した（最大判昭和49年〔1974年〕11月6日刑集28巻9号393頁／**猿払事件**。なお郵便事業の民営化に伴い郵便公社の職員は今日では公務員ではない）。

　今日では、国家公務員身分保持を理由に一律的な「政治的行為の禁止」を合理化する最高裁判所の姿勢に変化がみられる。社会保険事務所の年金審査官が行った党機関誌配布行為について、「管理職的地位になく、その職務の内容や権限に裁量の余地のない公務員によって、職務と全く無関係に、公務員により組織される団体の活動としての性格もなく行われた」本件行為は、「政治的中立性を損なうおそれが実質的に認められるものとはいえない」とされた（最判平成24年〔2012年〕12月7日刑集66巻12号1722頁／**世田谷事件**）。もっとも、同種の事例で課長補佐の地位にある者が行った党機関紙配布行為については、管理職の地位自体が「国民全体の奉仕者としての政治的中立な姿勢を特に堅持すべき立場」と捉え、配布行為が勤務時間外であること、配布時に自己が公務員であることを明らかにしない場合であっても、当該配布行為が国家公務員法に違反すると判示された（最判平成24年〔2012年〕12月7日刑集66巻12号1337頁／**堀越事件**）。

　国家公務員の政治的行為の制約が必要だとしても、その制約には厳格要件が不可欠である。本来、禁止されるべき事項に関し、職務地位、労働形態、勤務時間、政治的行為と公務の中立性維持との具体的関連性を明示的に国家公務員法において定めるべきで

ある。現在のような、捜査機関による特定政党狙い撃ち的な国家公務員法102条の運用は、適用違憲の可能性が著しく高いと思われる。

**Book Guide ●**

今枝由郎『ブータンに魅せられて』（岩波新書、2008年）

大須賀明『生存権論』（日本評論社、1984年）

後藤道夫／木下武男『なぜ富と貧困は広がるのか』（旬報社、2008年）

土田道夫ほか『ウォッチング労働法〔第3版〕』（有斐閣、2009年）

堤未果『ルポ 貧困大国アメリカ』（岩波新書、2008年）

法律時報編集部編『法律時報増刊 国公法事件上告審と最高裁判所』（日本評論社、2011年）

# 教 育 権

## ① 公 教 育

　近代国家は19世紀中期頃まで教育にはあまり関心を示さず、私教育が中心に行われていた。しかし、国家は次第に教育分野に介入し、公教育の担い手になっていった。それには複数の要因が絡み合っている。第一に、国家・支配層からの論理からは、産業を発展させるにはそれにふさわしい人材・労働力が不可欠であり、「読み書きそろばん」の基礎的能力は国家の権限で行うことが望ましいと考えられたからである。また、宗教が基盤の国家では、教会勢力から教育権限を奪うことも必要であった。たとえば、フランスではカトリック教会から自由な教育、アメリカでは親が所属する教会から自由な教育を果たし、公教育を子供に施すことで、近代国家的理念に合致する子供の育成が目的とされた。

　他方、国民の論理からみれば、親に教育がなく単純労働を業としているときは、子供を学校に行かせる資金も機会もなくなる。そこで親たちは、貧富の差に関わりなく、子供に教育を与えることが貧困を切断し、政治的・経済的・社会的に独立した人格形成は無償の公教育によって可能であると主張したのである。

　その後20世紀に入り、公教育は近代国家が独占し、無償の教育を国民に保障する社会権が確立していった。たとえば、ヴァイマ

ル憲法145条は「少年の教育は、公の施設によって配慮されなけ
ればならない」と定め、世界人権宣言26条、国際人権規約Ａ規約
13条は教育が人格の完成・人格の尊厳にとって不可欠であること
を明らかにした。今日では、**児童の権利条約（子どもの権利条約）** の
採択によって、児童の基本的人権宣言が高らかに謳われるまでに
至っている（1994年／批准）。

　以上のように公教育の登場・発展が、2つの異なった要因から
要求されたことは、その後の公教育のあり方に、決定的影響を与
えている。どちらにアクセントを置くかは、その国家の民主主義
の成熟度と関係する。

## 2 憲法26条の意義

### 1. 教育権の主体 ∽∽∽∽∽∽∽∽∽∽∽∽∽∽∽∽∽∽∽∽∽∽∽∽∽∽

　憲法26条は「すべて国民は、法律の定めるところにより、その
能力に応じて、ひとしく教育を受ける権利を有する。すべて国民
は、法律の定めるところにより、その保護する子女に普通教育を
受けさせる義務を負ふ。義務教育はこれを無償とする」と定めて
いる。

　**教育権**という場合、まず、前提とすべきは教育を受ける権利の
主体は国民・児童にあるという点である。かつて国・文部省は国
家教育権説を唱えていたが、**旭川学テ事件**の最高裁判所判決にお
いて、国家教育権説は否定されている（最大判昭和51年〔1976年〕5
月21日刑集30巻5号615頁）。もっとも、権利主体が児童にあるとし
ても、権利行使の場面では国家が一定程度介入しなければ、公教
育は成り立たない。同判決において国が「必要かつ相当と認めら
れる範囲において、教育内容についてもこれを決定する権能を有

する」と判示されたのはそのためである。しかし、国が公教育の外面的設備の設置責任を負うだけではなく、教育内容の実質的決定権をもつことを認めた点は、その後の教育行政のあり方に決定的影響力を与えている。

教育を受ける権利の法的性格については、かつてはプログラム規定説が唱えられたが、今日では**学習権説**が主流である。この説によれば、人はすべて人間として生まれた以上は学習によって人間らしく成長発展していく存在であることを踏まえ、(1)子供の基本的人権として学習する権利が自然権としてあり、(2)国民は国家に対して教育条件整備請求権を有していると捉える。

## ２．義務教育の意味 ∞∞∞∞∞∞∞∞∞∞∞∞∞∞∞∞∞∞∞∞∞∞

義務教育を受ける生徒が義務の主体者ではない。義務の主体者はその親である。親が子供を学校に行かせないのを禁じているのが、義務の内容である（学教16条・17条）。そのため、修学させない親に対しては刑罰が科せられる（同144条）。

## ３．義務教育の無償の範囲 ∞∞∞∞∞∞∞∞∞∞∞∞∞∞∞∞∞∞

憲法26条２項は義務教育の無償を定めている。しかし義務教育期間中の就学に関わるすべての諸経費が無償ではない。これは、教育基本法５条４項において「国又は地方公共団体の設置する学校における義務教育については、授業料を徴収しない」と定めているため、授業料だけが無償とされているからである。

教科書については、「義務教育諸学校の教科用図書の無償措置に関する法律」により無償とされている。つまり無償教育の範囲は、授業料までとし、教科書に関しては特別法によって恩恵的に無償政策をとっているというのが国の立場である。これに対し、

通説は授業料＋教科書までが無償の範囲内であると唱えている。また、給食費、教材費、遠足費、移動教室、修学旅行などの諸経費部分については有償である。これらの内、少なくとも教科書と同一な利用頻度の高い教材については無償化対象とすべきであろう（自治体によってはすでに無償化政策がとられている）。


## 3　教科書問題

### 1．教科書検定制度の仕組み

　高等学校までの教育を思い出してみよう。教科書の表表紙には小さな文字で「文部科学省検定済教科書」と印字されていたことを知っていたであろうか。学校で使う教科書は必ず文部科学省による事前の「**検定**」を受け、これに合格した本だけが教科書として教室で利用することが許される（学教34条・49条・82条）。**教科書検定**の方法内容については、学校教育法にもとづき教科用図書検定規則（文科省の省令）において検定の詳細な手続が定められている。

　教科書の検定経緯を通観すると次のような流れである。出版社が文部科学省に出版物を申請し、文部科学省の教科書調査官が検定を行い、「調査意見書」を作成する。その際、各「学習指導要領」及び「義務教育諸学校教科用図書検定基準」（高校の場合は「高等学校教科用図書検定基準」）に照らし、適切な教科内容になっているか否かが調査される。その後、省内の決済を受けた後、教科用図書検定調査審議会で審議を行い、検定の結果が知らされる。ほとんどの場合、検定意見が付され、出版社と執筆者が検定に応じて加筆修正し、最終的に検定合格を獲得する。この検定合格本だけが教科書として学校で利用可能である。

　教科書検定制度は、申請本が学習指導要綱に合致しているか否

かを文部科学省が教科書市場に出される前に調査することによって、教科書内容の正確性を期すために設けられている。しかし、教科書検定は執筆者の思想内容に及ぶ場合もあり、そのため憲法21条 2 項が禁じている「検閲」に該当するのではないかという疑問が出されている。実際、教科書検定をめぐってはこれまでいくつか訴訟になったが、一番有名な訴訟は**家永教科書裁判**である。

## ２．家永教科書裁判

日本を代表する日本史研究者・家永三郎が執筆した『新日本史』の検定不合格処分について、家永が国を相手に訴えを提起したいわゆる教科書裁判が有名である（この裁判は 3 件提起された）。

3 つの訴訟において、検定制度は合憲と判断されたが、検定制度にもとづく不合格処分については、それぞれ違法判断が下されている。中でも第二次家永訴訟第一審判決では、検定が思想内容にまで及んでいるために違憲であるという判決が注目される（東京地判昭和45年〔1970年〕 7 月17日判時604号29頁／**杉本判決**）。また、第三次訴訟において最高裁判所は 4 カ所の検定処分について違法と判示し、国側に損害賠償を命じた（最判平成 9 年〔1997年〕 8 月29日民集51巻 7 号2921頁）。

検定制度の実態をみると、特に社会系教科書の場合、日本の歴史、現実の政治のあり方について批判的態度で執筆すると、「検定意見」が付され「修正」が求められる傾向がある。検定制度が執筆者の思想内容まで及ぶのは、批判的視座を教科書に書くこと自体を禁じたいからである。逆に学習指導要領を改訂し、書かせる検定のやり方もある。とりわけ国家主義的政策を政府が打ち出せば、それに応じて教科書記述の変更を各執筆者は余儀なくされる。

　最近では、第二次世界大戦中の沖縄戦をめぐる記述の内、日本軍が住民に対する集団自決を強制したことをめぐる検定意見が注目を浴びた。日本軍の命令による強制的な住民の集団自決はなかったとする記述内容の変更が求められた。沖縄県民集会における大規模な反対意見もあり、事実上、文部科学省の検定意見は撤回された。このように検定制度はその具体的運用の面では、国のご都合主義によって左右されている。

## ４　教育の憲法問題

### １．元号・国旗・国歌 ◦◦◦◦◦◦◦◦◦◦◦◦◦◦◦◦◦◦◦◦◦◦◦◦◦◦◦◦◦◦◦◦◦

　昭和の**元号**は、戦後しばらく事実たる慣習として利用されてきた。元号使用の法律上の根拠は存在していなかったからである。そこで政府は昭和天皇の逝去が現実化する前に、元号法を制定した（1979年）。「元号は政令で定める。元号は、皇位の継承があった場合に改める」という簡単な法律であるが、これによって一世一元が法的に確定し、昭和天皇から新たな天皇に代替わりした1989年１月８日から平成が利用されている。元号は公文書では基本的に維持されているが、国民を強制することはない。

　**国旗**は「日の丸」、**国歌**は「君が代」という法的根拠も従来はなかった。そこで政府は平成の時代に入り、「国旗及び国歌に関する法律」（1999年）を制定した。当初より、この法律によって国民が強制的に国歌を歌わされ、国旗に忠誠を示す行動が求められるのではないかとの危惧があったが、政府は一貫して「国民に強制はしない」と答弁してきた。しかし、学習指導要領において「入学式や卒業式などにおいては、その意義を踏まえ、国旗を掲揚するとともに、国歌を斉唱するよう指導するものとする」と改訂さ

れ、これを受け教育現場では教育委員会の指導により公立学校の教師に対する強制的指導が行われ始めた。国家主義的思想に共感する知事が当選したところでは、教育現場の混乱状況を招いた。

「君が代」ピアノ伴奏を拒否した東京都日野市の小学校教員に対し校長が職務命令を発し、これを拒否した同教員に対して東京都教育委員会が戒告処分を下したことがある。最高裁判所はピアノ伴奏拒否が当該音楽教員にとって「歴史観ないし世界観に基づく一つの選択ではあろうが、一般的には、これと不可分に結び付くものということはでき（ない）」と判示し、ピアノ伴奏を命じる職務命令を合憲と判断した（最判平成19年〔2007年〕2月27日民集61巻1号291頁）。

この判決には異論が多い。本判決の反対意見では「入学式においてピアノ伴奏をすることは、自らの信条に照らし上告人にとって極めて苦痛なことであり，それにもかかわらずこれを強制することが許されるかどうか」が最も重要な視点であり、仮に許容できるとした場合には、教師の思想及び良心の自由への侵害の程度につき慎重な考量が行われるべきだと指摘している。多数意見のように職務命令が「特定の思想を持つことを強制したり、特定の思想の有無について告白することを強要するもの」ではないから教師の思想の自由の外にあるとする見解は、憲法19条の「思想・良心の自由」の意義を極めて狭く扱っていると思われる。

2003年10月23日の東京都教育委員会通達において「国旗掲揚及び国歌斉唱の実施に当たり、教職員が本通達に基づく校長の職務命令に従わない場合は、服務上の責任を問われることを、教職員に周知すること」が発せられて以来、東京都教育委員会ではすでに400名近くの教員に処分を下している。その他の都道府県各教育委員会も東京式に習い教員に対する国旗・国歌強制へと歩み出

している（神奈川県、大阪府が代表的である）。

　これに対し、最高裁判所は東京都による起立斉唱命令違反を理由にした教員処分について、「戒告」を超えて「減給・停職処分」を加える場合には、処分の裁量権を厳格に絞る必要性を指摘し、教育委員会による処分行為に枠をはめる判断を下している（最判平成24年〔2012年〕1月16日判時356号9頁）。本判決は、「戒告」数回で機械的に加重処分を加えることへの警鐘となろう。

## 2．体罰の禁止

　学校教育法11条は教員が生徒に対し懲戒を行うことを認めている。しかし同但書において「体罰を加えることはできない」と定め、**体罰**を法的に禁止している。体罰を加えた学校の教師は2つの法的責任を追及される。第一に、刑事責任である。体罰は「不法な有形力の行使」が伴う場合が通常であり、その際には暴行罪（刑208条）、生徒が出血などケガをした場合には傷害罪（刑204条）が成立する。万一、死に至った場合には傷害致死罪（刑205条）である。第二に、民事上の責任である。体罰を加えた教員個人及び学校は、損害賠償の責めを負う（公立学校の教師の場合は、国家賠償法の適用を受けるほか、設置者の当該自治体も賠償責任を負う）。そのほか、公立学校の教員は第三に、行政上の責任が課せられる。体罰禁止条項に触れた教員は、当該教育委員会より懲戒処分の対象となる。

　体罰は、生徒に直接手をあげる行為だけではない。長時間の起立、廊下での起立、侮辱的発言、いじめ行為・いじめの唆し、給食禁止など、人格を傷つける行為はすべて体罰に該当する。現在、諸君は大学で学んでいる。大学で諸君は、体罰を受けたことがあるであろうか。体罰なしに必ず教育はできる。体罰に頼る教員は、教員の素養がない。

逆に諸君が将来子供をもち、子供が暴力的体罰を受けたとしよ
う。法的措置は、最後の手段であるが、次のようにするしかない
であろう。最初に医療機関に行き「診断書」を書いてもらうこと。
次に所轄警察署に被害届を出しておくこと。その上で、校長及び
教育委員会へ文書で通知しておこう。そして文書はそれぞれコピ
ーをとっておき、相手方にはコピーを渡し原本は保存しておこう。
これで学校は握りつぶすことは不可能になる。体罰は法的問題で
もある。法的責任追及には証拠の存在、しかも文書の証拠が不可
欠だからである。

　もちろん体罰は、被害者も加害者も心に傷を負う。年間約485
件（2021年）の体罰被害事案が文部科学省によって報告されている。
この現状を諸君はどう感じとるだろうか。


## 3．いじめの防止

　職場における教員間のいじめは、その教員がまちがって教職に
就いたことの結果である。生徒・児童に対し、「絶対にいじめは
許さない」ことを態度でもって示すのが、教員たる最初の資質だ
からである。

　児童・生徒間のいじめは、増加傾向にある。いじめの認知件数
は、60万件以上報告されている（2021年）。いじめは、加害者生徒
が悪ふざけと思っているが、自死にまで追い込むこともある。昨
今のデジタル器具を利用したいじめは、その悪質さを増し、陰湿
化してきている（いじめ言語の無限拡散）。

　「大津市中2いじめ自死事件」を契機に、**いじめ防止対策推進法**
が制定された（2013年）。同法2条は、いじめを次のように定義し
ている。「児童等に対して、当該児童等が在籍する学校に在籍し
ている等当該児童等と一定の人的関係にある他の児童等が行う心

理的又は物理的な影響を与える行為（インターネットを通じて行われるものを含む）であって、当該行為の対象となった児童等が心身の苦痛を感じているものをいう」。また同4条において「児童等は、いじめを行ってはならない」と定め、いじめが法令違反であることを明記している。各地方自治体と学校設置者は、いじめ対策につき「施策を策定し、及び実施する責務を」負い、「いじめの防止等のために必要な措置を講ずる責務」を果たさなければならない（同6・7条）。しかし現状をみると、いじめ対策は不十分である。これは、法律に欠陥があるというよりも、学校側が、いじめを認めたくはないというかたくなな態度、つまり被害生徒の声を受け止めようとしない点に原因がある。

　この現状を変えるには、第一線に立つ教職員の不断の努力が必要である。いじめアンケートをすれば、事足りるとするお役所仕事ではなく、常に児童・生徒に向き合うこと、教員のチーム・ワークの醸成が必要である。現在、いじめ問題に限らず、学校における法的問題の処理に**学校弁護士**（スクール・ロイヤー）が従事している。今後、この制度の拡充と人的増員、各教育委員会による人権教育の充実が、いじめ撲滅への推進力となろう。

Book Guide ●

芦部信喜編『教科書裁判と憲法学』（学陽書房、1990年）

家永三郎『教科書裁判』（日本評論社、1981年）

中川律『教育法』（三省堂、2023年）

西原博史『良心の自由と子どもたち』（岩波新書、2006年）

堀尾輝久／兼子仁『教育と人権』（岩波書店、1977年）

山住正己『日本教育小史』（岩波新書、1987年）

# 平和主義

## 1 戦争の違法化の歴史

　従来、近代国家が国家間の紛争を武力でもって解決することは、国際法上、認められていた。しかし第一次世界大戦は、「全面戦争」であり、敗戦国のみならず戦勝国も多大な人的、物的喪失を経験した。この悲惨な大戦を契機に、人類は初めて国際法上、戦争を違法視し、同時に戦争を抑制する方法を構想した。

　1919年、**国際連盟**（League of Nations）が創設され、その国際連盟規約の締約国は「戦争ニ訴エサルノ義務」を負うとされた。また1928年には、アメリカの国務長官ケロッグとフランスの外相ブリアンの強いリーダーシップの下、**不戦条約**が構想され、各国は日本も含めてこの条約を締結した。

　不戦条約1条は「締約国ハ国際紛争解決ノ為戦争ニ訴フルコトヲ非トシ且其ノ相互関係ニ於テ国家ノ政策ノ手段トシテノ戦争ヲ拋棄スル」と規定している。しかしこの規定は、2つの点で問題があった。第一に、この規定によって放棄される戦争は、もっぱら侵略戦争であって、自衛戦争は放棄されないと解された点である。第二に、戦争だけが違法・制限されたにとどまり、戦争にまで至らない武力行使や事実上の戦闘状態（日本語では「事変」と呼ばれるもの）などは、禁止されていなかった点である。

　人類はもう一度、世界大戦を経験した。この第二次世界大戦では、核兵器が広島・長崎に投下され、その悲惨さは言語に絶するものであった。第二次世界大戦終了後、戦勝国を中心に**国際連合**（United Nations）が創設された。国際連合憲章（1945年12月24日発効／日本の加盟は1956年12月18日）は、連盟時代を反省し、各加盟国に対し戦争概念よりも広い「武力による威嚇又は武力の行使」（2条4項）を原則的に禁じ、国家間の紛争の解決を「平和的手段によって且つ正義及び国際法の原則に従って実現すること」（1条1項）を求めるに至った。

## ②　憲法9条の意義

### 1．戦争の放棄

　日本国憲法は、その第2章のタイトルを「戦争の放棄」とし、憲法9条において徹底した**平和主義**を規定している。日本国憲法の三大原理のひとつが、平和主義だといわれるが、それは憲法9条の法構造が、他国の戦争制限条項とは異なり、徹底的な平和主義に基礎を置き、平和主義を憲法原理までに高めているからである。そこではたとえ自衛戦争であっても、一切の戦争が放棄され、また「武力による威嚇」、「武力の行使」も放棄されている。

　戦争の放棄をめぐっては、その法解釈に多様な見解が対立している。第一説は、憲法9条1項によって侵略戦争、自衛戦争を含めてすべての戦争は放棄されたとみる。これに対し、第二説は、同1項に「国際紛争を解決する手段としては」という法文があるため、同1項だけですべての戦争が放棄されたと解することはできず、同項が放棄した戦争は、侵略戦争のみであって、自衛戦争はそこに含まないという。

　この解釈は、憲法9条1項の規定の文言が、先にあげた不戦条約とほぼ同一であり、その国際法上の解釈では、自衛戦争は不戦条約によっても放棄されていなかったことを論拠としている。さらに、1項ですべての戦争が放棄されたのであれば、同2項の規定の意味が生かされてこない点にも論拠を置いている。もっとも第二説のように1項において侵略戦争だけを放棄したという立場をとっても、結論は変わらない。というのも、同2項は「前項の目的を達成するため、陸海空軍その他の戦力は、これを保持しない。国の交戦権は、これを認めない」と規定し、戦争手段の一切の保持が禁止されている以上、結果として自衛戦争を含めてあらゆる戦争が放棄されたと解されるからである。

　これに対し、憲法9条1項については第二説と同じ立場に立ちながら、同2項について「前項の目的を達成するため」という文言に着目し、この文言の係りを「侵略戦争の放棄の目的」だけに限定する解釈がある。この解釈によれば、憲法9条が放棄した戦争は、侵略戦争だけであり、自衛戦争は放棄しておらず、自衛のための戦力保持も可能であると理解されることになる。

　しかしこの学説は説得力がない。というのも、自衛戦争を合憲だとすれば、(1)戦争開始の手続を定める規定が憲法にないのは不自然であること、(2)憲法9条2項の交戦権の否定の意味を喪失すること、(3)憲法前文第2段の規定と適合しないことなど、多くの難点を含んでいるからである。

## 2．自衛権の概念

　**自衛権**は、個別的自衛権と集団的自衛権の2種類がある（国連憲章51条）。**個別的自衛権**とは、「外国からの違法な侵害に対し、自国を防衛するため、緊急の必要がある場合、それを反撃するため

に武力を行使しうる権利」である。**集団的自衛権**とは「自国と国際条約などで密接に関係する外国に対する武力攻撃を自国が直接攻撃されていないにもかかわらず、実力をもって阻止する権利」である。まず個別的自衛権に関しては、次のように様々な見解が出されている。

通説は、主権国家には、国家固有の権利としての自衛権は当然内在しているとみる。もっとも憲法9条によって自衛戦争が放棄されているのであるから、自衛権があるといっても、行使できない自衛権が存在すると捉える。これを「武力なき自衛権論」という。

これに対し、政府解釈は、憲法9条は国家固有の自衛権は放棄していないとみた上で、さらにこの自衛権にもとづく「**自衛力**」の保持は憲法上禁止されないと解釈している。この政府解釈によれば、「戦力」の保持は憲法9条2項によって禁止され、「戦力」に至らない「自衛力」は国家固有の権利である自衛権から導き出すことはできるという。

少数説は、自衛権否定論である。その論拠は、(1)国家固有の自衛権という発想自体を否定し、憲法に先立つ国家の権利の存在を認めるべきではない、(2)国際法上、自衛権の観念が武力行使を伴うが、その武力行使を国家の権利として憲法9条が放棄しているので、日本国憲法は自衛権をそもそも否定していると説く。

集団的自衛権に関し、憲法上、集団的自衛権はその存在が否定されていると解するのが通説である。従来の政府解釈では、集団的自衛権の存在は憲法上、認められるが、これを行使することは許容されないとしてきた。いわゆる保持・行使分離論である。しかし、2014年7月1日の閣議決定によって、従来の政府解釈は変更され、集団的自衛権の行使は憲法9条に違反しないとされた。

　この政府解釈の変更に基づき、2015年9月に安全保障関連法が制定され、自衛隊が同盟国軍隊とともに集団的自衛権行使を名目に、軍事行動をとることが可能になった。

　この政府解釈変更に関しては、憲法学のみならず法律家専門集団から、集団的自衛権の行使は憲法9条に違反し、新解釈に基づいて制定された安全保障関連法の当該規定は違憲であると指摘されている。近い将来、裁判所による違憲判断が下される可能性は著しく高いと考えられる。


## ③　自衛隊と日米安保条約の憲法適合性問題

　今日に至るまで**自衛隊**を違憲とみるのが、憲法学者の圧倒的多数の見解である。これに対し、政府は次のようにして自衛隊を合憲と主張している。日本は主権国家であり、この主権をもとに国家固有の自衛権は存在する。自衛権が認められる以上、一定の限度内において、自衛のための必要最小限度の実力、「自衛力」を保持することは許される。自衛隊は、この「自衛力」にあたり、したがって憲法9条2項によって保持が禁じられている「戦力」には該当しない。

　ここで注意すべきは、政府は「戦力」と「自衛力」とを区別し、前者の保持は憲法で禁じられているが、後者は憲法では禁じられていないという解釈をとっている点である。では「戦力」と「自衛力」とを区別する境界線は何かといえば、「自衛のための必要最小限度の実力」であるとされる。しかしこの境界線は、実は境界の役割を担っていない。政府解釈によれば、核兵器を日本がもつことも合憲であると解していることからわかるように、「必要最小限度の実力」はそのときどきの国際状況によっていかように

も変動する。政府解釈によれば、核兵器をもつこと自体も自衛力の範囲内だと答弁している。

　自衛隊の合違憲性に関する裁判所の判断は今日まで不明確である。**長沼事件**第一審判決（札幌地判昭和48年〔1973年〕9月7日判時712号24頁）は、自衛隊を憲法9条2項にいう「戦力」にあたり、違憲であると判示した（**福島判決**）。この上告審で最高裁判所は、自衛隊の合違憲性については司法判断を示さず、「訴えの利益」は存在していないという行政訴訟法上の理由で訴えを却下した。なお、最高裁判所はこれまで自衛隊について合憲とも違憲とも判断を一度も下していない。これは最高裁判所による自衛隊の憲法適合性を回避しようとする訴訟技術のためである。

## 1．日米安保条約 ◇◇◇◇◇◇◇◇◇◇◇◇◇◇◇◇◇◇◇◇◇◇◇◇◇◇◇◇◇◇◇◇◇

　**日米安保条約**の合憲性についても、今日まで多様な見解があり、意見の一致をみていない。また裁判所の判断も自衛隊の合憲性問題と同様、明確な判断が示されていない。旧日米安保条約の合憲性が最初に争われた**砂川事件**が重要である。第一審東京地裁は「わが国が外部からの武力攻撃に対する自衛に使用する目的で合衆国軍隊の駐留を許容していることは……憲法9条2項前段によって禁止されている陸海空軍その他の戦力の保持に該当する」と判示し、アメリカ駐留軍は「憲法上その存在を許すべからざるもの」と結論づけた（東京地判昭和34年〔1959年〕3月30日下刑集1巻3号776頁／**伊達判決**）。

　これに対し最高裁判所は、憲法が禁止する戦力は「わが国自体の戦力を指し、外国の軍隊は、たとえそれがわが国に駐留するとしても、ここにいう戦力には該当しない」と判示し、さらに安保条約のような高度な政治性を有するものについては、「違憲なり

や否やの法的判断は、純司法的機能をその使命とする司法裁判所の審査には原則としてなじま（ず）……一見極めて明白に違憲無効であると認められない限りは、裁判所の司法審査権の範囲外のものであ（る）」と結論づけている（最大判昭和34年〔1959年〕12月16日刑集13巻13号3225頁）。

　最高裁判所は、いわゆる「一見きわめて明白」つきの**統治行為論**」を利用することで、当該条約の合憲性に関しては判断を留保した。だが司法判断を回避することによって、結果的に日米安保体制の既成事実を追認し、事実上、安保条約に合憲判断を下したのと同じ政治的効果を与えたことに注意すべきである。

## ④　自衛隊活動の拡大化

### 1.　自衛隊の海外展開

　自衛隊が国連との関係で海外派遣できる３つの可能性がある。第一に、国連憲章43条にもとづく国連軍への自衛隊参加である。これに自衛隊が参加することは違憲とされる。憲法９条１項が禁じる「武力の行使」を伴うからである。もっとも国連憲章43条にもとづく国連軍は、国連史上、一度も創設されたことはない。

　第二に、名称は「国連軍」と呼ばれても、その実態は特定の国家を中心として編成された軍隊の性格をもつ組織体（朝鮮戦争のときのアメリカ軍を中心とする「国連軍」、イラク・クエート戦争時における「多国籍軍」がこれにあたる）に自衛隊が参加する場合である。この組織体への自衛隊の参加も、「武力の行使」をもっぱら自衛隊が行う以上、憲法上禁止される。

　第三に、国連の安全保障理事会の指揮・監督に服し、必ずしも武力行使を任務とせず紛争地域の治安回復などの平和創造的任務

を国連が行うことがある。この活動は国連憲章にもとづくものではなく、国連が平和創造のために行ってきた一種の慣行である。これを**平和維持活動**という（Peace Keeping Operations ／ **PKO** と呼ばれる）。

国連 PKO 活動は、紛争地域の安定確保に応じて多様な形式をとる。従来の活動内容を分類すると、次の3つの枠組みがある。①平和維持軍の組織編成、②停戦監視団の派遣、③選挙監視団の派遣である。①②は、各国の軍人より組織編成され、国連の指揮命令に服しながら、紛争地域住民の安全確保のために軍事的行動をとることが許容されている。③は主に文民より組織され、紛争地域において新政府樹立のための業務を行う。ただし、紛争地域であるため、国連 PKO 要員に軍人が加わることが不可欠とされている。

国連 PKO 活動に協力する法令として、**国連平和維持活動協力法**（1992年）及び**国際平和支援法**（2015年）がある。従来、日本の PKO 活動への協力は、紛争地域における民政安定を主眼とし、軍事的側面は希薄であった。日本の自衛隊が初めて PKO 活動を行ったカンボジア（1992年）では、地域住民のための道路建設に協力した。2010年には、国連の要請に応じてハイチに国際緊急援助隊として自衛隊が海外に派遣されたが、その任務内容は、地震復興支援であった。こうした活動は、軍事的色彩は少なく民政安定化のための支援であり、憲法上、合理化可能な国際貢献といえる。

しかし、2015年の法律改正によって、いわゆる「駆けつけ警護」が導入された。これは他国の PKO 要員などを救出するための軍事活動である。自衛隊員が、救出地において敵対的危難に遭遇した場合、「武器使用」が認められるが、これは実際には戦闘行為であり、憲法が禁じている武力行使と一体化する危険性が著

しく高く、違憲の疑いがある。

　また、従来型の国連PKO活動のほか、「国際連携平和安全活動」が導入された。この法改正によって、自衛隊は国連の決議がない場合にも、アメリカ主導型の軍事行動（タリバン、IS掃討業務）にも協力ができるようになった。国際法上、明確な根拠のない当該業務に自衛隊が参加することは、違憲と考えられる。

　国際平和支援法は、国連の活動の一環としてではあれ、「諸外国の軍隊等に対する協力支援活動等」を目的とするため、「戦闘現場」以外であれば、自衛隊が派遣できることが定められている。その協力の内容は、他国軍隊への「協力支援活動」と「捜索救助活動」に大別できる（3条1項）。「協力支援活動」は、外国軍隊への武器輸送、兵站業務である。これは明らかに紛争相手からすれば敵対行為であるため、自衛隊が攻撃対象となることは必定である。したがって、そこで行われる自衛隊による「武器使用」は、事実上、憲法9条が禁止している「武力行使」と同一化する。「捜索救助活動」でも、「武器使用」が前提となり、軍事行動をとることが許容されている。

　このように自衛隊が平和維持業務に関与する場合には、戦闘があることを前提にしている。このような活動は、国際救助活動とは次元を異にし、軍事的性格が強いことに留意が必要である。日本は、憲法に即した日本ならではの国際協力のあり方を模索し、日本型国際貢献を示すべきであろう。

## 2．日米安保体制のグローバル化 ～～～～～～～～～～～～～～～～～

　1997年9月に策定された「日米防衛協力のための指針」（日米新ガイドライン）以降、自衛隊とアメリカ軍との共同防衛体制が整備され続けている。周辺事態法（1999年）、武力攻撃事態法（2003年）、

国民保護法（2004年）の制定は、そのさきがけである。

　2014年7月に集団的自衛権行使が憲法上、合憲とする閣議決定が行われたが、その理由は、9.11テロ以降の世界的な国際情勢の不安定化、特にアジア地域における軍事バランスの変動に起因している。グローバルに展開するアメリカ軍が、アジア地域においても軍事的プレゼンスを確保するためには、日本など親米的国家の軍事力の強化が必要とされたからである。

　2015年の安保関連法の制定は、このアメリカの要求に対応している。特に、集団的自衛権の行使を可能にした一連の法改正は、自衛隊の役割にアメリカ軍の後方支援を加えるためであった。すなわち、集団的自衛権行使の根拠規定となる自衛隊法76条1項2号において、「我が国と密接な関係にある他国に対する武力攻撃が発生し、これにより我が国の存立が脅かされ、国民の生命、自由及び幸福追求の権利が根底から覆される明白な危険がある事態」（存立危機事態）がある場合に、国会の承認の下、「防衛出動」が可能になった。

　また、周辺事態法は、日本の近隣地域（安保条約6条の「極東条項」に対応）における有事を想定していたが、自衛隊が世界規模で展開できるようにするため、法令名を変更し、**重要影響事態法**（2015年）へと生まれ変わった。

　以上の法改正は、日本が国際紛争に武力をもって関与することを国家意思として表明したことに他ならない。これによって逆に、自衛隊に対する武装勢力からの攻撃、国内テロが発生する確率は一層高まるであろう。このハイリスクに直面したとき、日本の平和国家の実質が問われるはずである。

## ⑤ 平和と人権

### 1．徴兵制の禁止 ◇◇◇◇◇◇◇◇◇◇◇◇◇◇◇◇◇◇◇◇◇◇◇◇◇

　有事法制が完成された現時点において、今後の大きな課題は日本が**徴兵制**を導入するか否かであろう。少子高齢社会において自衛隊に入隊する若い世代が減少していけば、徴兵制の導入は現実的な課題となってくる。現在、自衛隊の入隊は国民の自由意思によって行われる志願制がとられている（自衛35条）。その反対のリクルート方法を徴兵制という。これは国民を強制的に一定期間軍務につかせる制度である。では、徴兵制の導入は、憲法上、合憲であろうか。通説は、徴兵制を違憲としている。その根拠は、徴兵制は憲法9条、13条、18条に違反するからである。政府解釈によっても徴兵制は13条、18条に違反し違憲であるとされている。

　しかし、この政府解釈は、今日、何人も信用しないであろう。内閣法制局が時の政権の意思を受け入れ、十分な説明がないまま集団的自衛権行使の合憲化を打ち出し、安易な政府解釈の変更の前例を作ったからである。

　おそらく今後、徴兵制の定義を狭く解し、「自衛隊に協力をした者に特定の利益を附与することは、徴兵制とは異なる」との方針を示し、国民の防衛協力を引き出して行くであろう。特に、格差社会の中、貧困にあえぐ若い世代が防衛協力をせざるを得ない「経済的徴兵制」の環境整備が行われよう。

### 2．平和的生存権 ◇◇◇◇◇◇◇◇◇◇◇◇◇◇◇◇◇◇◇◇◇◇◇◇◇

　憲法前文第2段は「われらは、全世界の国民が、ひとしく恐怖と欠乏から免かれ、平和のうちに生存する権利を有することを確認する」と規定している。この規定から平和を人権として構成す

る**平和的生存権**が、多くの論者によって有力に主張されている。

　通説は、憲法前文の法的規範性は認めるものの、前文の裁判規範性は否定し、したがって平和的生存権の権利性を否定している。これに対し、(1)憲法第３章に定める各種の人権は、平和を土台として成り立っていること、(2)憲法前文は人権条項の足らない部分を補う機能をもっていることを理由に、「平和のうちに生存する権利」が各人の具体的権利として保障されるべきだと唱える見解もある。

　平和的生存権を認めた判例として、長沼事件第一審判決（札幌地裁）とイラク特措法違憲判決（名古屋高裁）が重要である。特に名古屋高裁の判決は、憲法判例の歴史的金字塔を飾る。同判決（名古屋高判平成20年〔2008年〕４月17日判時2056号74頁）によれば、「平和的生存権は、局面に応じて自由権的、社会権的又は参政権的な態様をもって表れる複合的な権利ということができ、裁判所に対してその保護・救済を求め法的強制措置の発動を請求し得るという意味における具体的権利性が肯定される場合がある」、「憲法９条に違反する国の行為、すなわち戦争の遂行、武力の行使等や、戦争の準備行為等によって、個人の生命、自由が侵害され又は侵害の危機にさらされ、あるいは、現実的な戦争等による被害や恐怖にさらされるような場合、また、憲法９条に違反する戦争の遂行等への加担・協力を強制されるような場合には，平和的生存権の主として自由権的な態様の表れとして、裁判所に対し当該違憲行為の差止請求や損害賠償請求等の方法により救済を求めることができる場合があると解することができ、その限りでは平和的生存権に具体的権利性がある」と判示した。

　従来、裁判所は、平和的生存権の考え方自体を消極的に眺めてきた。しかし、政府による平和主義軽視政策の継続が、立憲主義

　自体の危機を表し始めた現在、裁判所の空気も次第に憲法学説に
親和的になってきている。平和的生存権論は、確かに今なお生成
過程にある理論ではあるが、平和憲法の発展のためには、憲法9
条を通じて制度としての平和を求めるだけではなく、個人の権利
の側面から人権としての平和も同時に実現していく必要があろう。

Book Guide ●

小林直樹『憲法第9条』（岩波新書、1982年）
杉原泰雄『平和憲法』（岩波新書、1987年）
田中伸尚『憲法九条の戦後史』（岩波新書、2005年）
山内敏弘『平和憲法の理論』（日本評論社、1992年）
同『立憲平和主義と有事法の展開』（信山社、2008年）

# 第12話  国　会

## ①　権力分立

### 1．権力分立の意味

　憲法では、立法権は国会に (41条)、行政権は内閣に (65条)、司法権は裁判所に (76条)、それぞれあてがっている。3つの国家作用をそれぞれ別機関に委ねる政治の仕組みを**権力分立制** (三権分立制) という。

　権力分立制の原点は、フランス人権宣言に遡れる。フランス人権宣言16条 (1789年) は「権利の保障が確保されず、権力の分立が定められていないすべての社会は、憲法をもたない」と定めている。この規定の主旨は、(1)自然法思想 (天賦人権思想) にもとづいて憲法典において人権の保障規定があること、(2)国家権力の濫用を妨げることによって、人権保障を政治構造の側面から支える点にある。

　権力分立の思想は、イギリスの啓蒙思想家ジョン・ロックに萌芽がみられるが、これを確立させたのはモンテスキューである。モンテスキューの議論によれば、国家権力を立法権、執行権、裁判権の3つに分け、それぞれの作用を各機関にあてがい (権力の分離)、同時に各機関の力量を平衡化させることによって (権力の均衡)、各機関内に抑制と均衡 (チェックアンドバランス) を働かせることが、人権保障にと

133

って不可欠だとされた。

## 2．権力分立の変容 ～～～～～～～～～～～～～～～～～～～～～

　権力分立のあり様は、その出発点においてすでに多様であった。アメリカでは基本型に忠実な権力分立制が採用されたが、君主主権・旧勢力に対抗して国民主権を展開したフランスでは、議会権力の強化が図られ、議会の優位性が当初より主張されていた。

　19世紀後半以降、権力分立制の形態は急速に変容してきた。すなわち、選挙権拡大化に伴い大衆民主主義が成立し、政党の役割が拡大化してきたこと（政党国家の登場）。行政の任務が国民福祉の向上に関わり始め、国民の社会生活全般を計画統制する積極国家が必然化されたこと（行政国家の現象）。また特に第二次世界大戦後、各国が裁判所による違憲審査制を導入することによって、「憲法の優位」を実質化する立憲主義を指向したこと（司法国家の隆盛）。この３つの要因によって18世紀的な正三角形型の権力分立制は大きく変化した。

## ② 国会の地位

### 1．国会の最高機関性 ～～～～～～～～～～～～～～～～～～～～～

　憲法41条は「国会は、国権の最高機関であって……」と規定している。ここで国会を最高機関と呼んでいるが、これをどう捉えるかについては、見解が対立している。この対立は、憲法で明示的に国会について「最高機関」と規定しているのに、その言葉を度外視するか、それとも積極的に国会に最高機関の地位を与えようとするのかという点から生まれている。

　通説（政治的美称説）は、国会が、行政権をもつ内閣、司法権を

行使する裁判所よりも優越し、これらを支配下に置くことを否定する。すなわち、３つの権力は、お互いに抑制と均衡の関係であり、上下関係ではない。そこで国会が「最高機関」といっても、国会がほかの二権よりも一段高いという意味でこの条文を解釈してはならないと捉える。つまり国会が「最高機関」といっても、それは国会が国政の中心的地位を占める機関であることを強調する政治的美称であって、そこには法的な意味はないとみる。

これに対し、国会の「最高機関」に法的な意味を認める学説がある。かつては**統括機関説**（国会は立法機関のみならず、国権を統括し、他の機関を注視・批判することができる最高機関と捉える立場）が唱えられたが、今日有力なのは**最高責任機関説**である。この説は、国会が「最高機関」であるのは、(1)国民主権原理の下で主権者から直接に選挙で選出されるのが国会だけであること、(2)国会だけが民主的正統性をもつ機関であることを根拠に、国会は主権者＝国民の委任を受けながら権力を行使する点で、国民から最高の責任を負託された機関であると捉える。

国会の最高機関性に法的意味を認めることは、次の２点に影響を与える。(1)議院の権能である国政調査権の範囲と機能の拡大化。(2)内閣の解散権の制約化。つまり内閣の解散権は、憲法69条のほか憲法７条による天皇の国事行為としての解散も認められているが、国会が最高機関であるとした場合、この内閣の一方的な意思による７条解散は制限できると捉える。通説の政治的美称説はこれらの課題について消極的に捉えてきた。今日の拡大化された内閣の権能を統制するという意味では、国会の最高機関性を再評価するときが来たように思われる。

## 2．唯一の立法機関の意味　∞∞∞∞∞∞∞∞∞∞∞∞∞∞∞∞∞∞

　国会は、41条で「唯一の立法機関である」と規定されているが、そこには2つの意味がある。第一に、**国会中心立法の原則**である。これは国会が立法権を独占することを意味する。たとえば、旧憲法時代の天皇の緊急命令、独立命令のような議会を通さない行政権による立法は、許されない。現憲法では、内閣は憲法73条6号にもとづく執行命令、国会が制定した法律の委任にもとづく委任命令しか発することはできず、国会の立法権を侵害することはできない。もっとも、法律の多くは、その条項の中でたとえば「詳細はこれを政令で定める」と規定している場合が多い（委任立法）。ただその場合であってもいわゆる「白紙委任」の立法は、国会中心立法の原則を空洞化するため許されない。なお、両議院の議院規則制定権（58条2項）、最高裁判所の規則制定権（77条1項）については、国会中心立法の原則の例外である。

　第二に、**国会単独立法の原則**である。これは、立法は国会の議決だけで成立することを意味する。つまり憲法59条1項に規定しているように「法律案は……両議院で可決したとき法律となる」のであって、国会以外の意思によって法律制定が妨害されてはならない。ただし、地方自治特別法は、憲法上の例外として地域住民による住民投票の同意を必要としている（95条）。

### ③　国会の権能

　国会は、議会制民主主義の要であり、そのため重要な国政事項の多くは、国会の仕事とされる。憲法上、国会の権能として次の6点が定められている。(1)憲法改正の発議権（96条）、(2)法律の議決（59条）、(3)条約の承認（61条・73条3号）、(4)内閣総理大臣の指

名（6条・67条）、(5)弾劾裁判所の設置（64条）、(6)予算の議決と財政監督権（83条—91条）。

## 1. 法律案の議決の仕方 ∞∞∞∞∞∞∞∞∞∞∞∞∞∞∞∞∞

　まず、法律案の発案であるが、これについて憲法は何も定めていない。国会が立法機関であるから、国会に発案権があることは問題ない。国会法は、一定数の議員により発案できるとし（国56条）、さらに国会内部の委員会にも法律案の提出を認めている（国50条の2）。なお、内閣の法律発案権については争いがあるが、内閣法5条は内閣の発案権を認めている。実際にも、今日では内閣提出の法律案が大半である。

　次に法案審議である。現憲法では国会は、2つの院で構成されると規定している。衆議院と参議院である（42条）。これを**二院制（両院制）**という。法律案は、この2つの院がそれぞれ賛成しなければ成立しない。それぞれ出席議員の過半数の賛成が必要である。通常、最初に衆議院に法律案が提出され、そこで審議し、可決した後、参議院に送付され、改めて議決するという形式をとる。但し、参議院が否決したときは、衆議院で改めて出席議員の3分の2以上で議決すれば、法律は議決されたことになる（59条2項）。

　ということは、憲法は参議院よりも衆議院の方に強い権限を与えていることになる。一般に二院制を採用した場合、ひとつの院が他の院よりも優越する。同じ権限だと議会は、両院の意思の相違で機能しなくなるからである。そこで憲法は、衆議院に強い権限を与えているが、これを**衆議院の優越**という。衆議院の優越は、法律案の議決のほか、①内閣総理大臣の指名、②予算の議決、③条約の国会承認の3つの場面で現れる。しかもこの3点は、たとえ参議院が衆議院とは反対の議決をしても、最初の衆議院の議決

だけで国会の議決とされるほど強固に衆議院の優越が憲法上認められている（60条・61条・67条2項）。

## 2．国会の条約承認権 ∞∞∞∞∞∞∞∞∞∞∞∞∞∞∞∞∞∞∞∞∞∞∞∞∞∞∞

**条約**とは、広く文書による国家間の合意を指す。日米安保条約というように「条約」という名称に限らず、協定、協約、宣言のほか、国際連合憲章のように「憲章」と呼ぶ場合もあるが、憲法はすべてこれらを「条約」の名称で統一している。

条約の締結は、内閣の権能である。憲法73条によれば、内閣に条約の締結権を認めているが、同3号但書は「事前に、時宜によっては事後に、国会の承認を経ることを必要とする」と規定している。したがって内閣は、条約を単独では締結できず、必ず国民代表機関である国会の意思が、そこに関与することになる（但し、国会の承認は衆議院の優越が認められる／61条）。国会が条約締結行為に関与するのは、内閣による秘密条約を排除し、内閣の専断行為を防止する有効な手だてである。

国会承認は、事前が原則であり、事後は例外である。事前と事後を区別する時期は、当該条約手続の確定時期を境にする。通常、条約は、内閣が任命する全権委員が調印もしくは署名し、内閣が**批准**し、批准書の寄託もしくは交換によって成立する。この場合、内閣の批准が事前・事後を分ける時期である。内閣の批准行為が、当該条約の内容を審査し、確定的な同意を与えるからである（なお、調印もしくは署名だけで成立する条約の場合は、この時期が事前・事後を分ける時期である）。

内閣の批准の前に国会の承認が得られなかった場合、当該条約について内閣は批准することはできないため、条約はそもそも成立しない。他方、内閣が批准した後、国会の事後承認が得られな

かった場合（衆議院の承認が得られなかったという意味）、その条約の効力はどうなるのだろうか。この場合、国会の承認がないため、当該条約の国内法上の効力は否定される。問題は、内閣の批准後、国会が承認しなかった条約の国際法上の効力である。ひとつの立場は、国会承認がなくとも有効とする。しかし、(1)国会承認は条約成立の効力要件であること、(2)事前・事後を区別し、その効力を分けて理解する憲法上の理由は存在しないこと、(3)国会の事後による不承認が軽視されれば、内閣は便宜的に条約の国会承認を事後に求めるようになることなどを理由に、無効と解すべきであろう。「条約法に関するウィーン条約」46条但書きも、国内法の手続について「違反が明白でありかつ基本的な重要性を有する」場合には、条約の無効を認めている。最高規範である憲法の手続違反は、この但書きに該当すると解されるので、無効説が正当である。

## ④ 議院の権能

　現憲法は、議会を「国会」と呼び、その国会は**衆議院**と**参議院**の2つの議院で構成される。合議体としての国会の権能は、先に触れたが、各議院にも独自の権能が憲法上認められている。行政権、司法権という外部権力からの独立と、国会という合議体からの独自性を確保するために、議院には次のような自律した権能がある。①議院規則制定権（58条2項）、②国政調査権（62条）、③議員資格争訟裁判権（55条）、④議員懲罰権（58条2項）、⑤会議公開に関する権能（57条1項）、⑥役員選任権（58条1項）などである。

## 1．国政調査権の性格 ～～～～～～～～～～～～～～～

　憲法62条は「両議院は、各々国政に関する調査を行ひ、これに関して、証人の出頭及び証言並びに記録の提出を要求することができる」と規定している。この国政調査権は、国会を構成する各議院が、その独自の立場で国政全般を調べあげる重要な手段である。もっとも、国政調査権は、各院がその権能を行使するための手段であって、国会・議院の権能外の目的のためには使うことはできない（**補助的権能説**。これに対し、国会の最高機関性をことさら強調し、国会・議院の権限外の領域まで調査できるとする見解がある。これを**独立権能説**という）。

## 2．国政調査権の範囲と限界 ～～～～～～～～～

　国政調査権は、国会・議院の権能に属することを調査する目的のためにある。当然そこには一定の限界がある。
　⑴　**行政権との関係**　　議院内閣制の下では、行政権を独占する内閣は、国会の意思によってその存在が許されている。したがって国政調査は、法律制定、予算、外交・条約など行政一般に対し広く及ぶと解される。
　⑵　**司法権との関係**　　司法権の独立を侵害する調査はできない。たとえば、現に裁判中の事件あるいは確定した事件であっても、裁判官の訴訟指揮を問題としたり、裁判内容を問題とするような調査はできない。親子無理心中をくわだて子供3人を殺害し、自分が生き残った殺人事件につき、参議院法務委員会が当該事件の量刑を不当として（執行猶予付きの判決。第一審で確定）、本人を証人として呼び、また担当裁判官にも文書による回答を求めたことがあった（**浦和充子事件**）。このような国政調査は、明らかに議院による司法権の独立、裁判官の職権の独立の侵害である。

　また検察権との関係でも一定の限界が認められる。検察権は行政作用であるから国政調査は広範囲に及ぶが、検察権の準司法的作用という特殊性から一般行政と同列に扱うことはできない。たとえば、起訴・不起訴について検察権に圧力を加えるような調査、また捜査・公判に重大な支障を及ぼすような調査は許されない。ただ、現に裁判中、捜査中という理由だけで国政調査権は妨げられない。特に国会議員が関係する汚職事件、検察官の怠慢によって発生した刑事事件（特に冤罪）については、並行調査は可能である。国政調査権の目的は、疑惑のある関係者に弁明させ、国民に対し真実を明らかにすることにあるからである。

## 3．国政調査の方法と課題 ◇◇◇◇◇◇◇◇◇◇◇◇◇◇◇◇◇◇◇◇◇◇◇◇◇◇◇

　国会法103条〜106条に定めるほか、**議院証言法**がある。本法による調査は、強制調査権であり、証人として出頭などを求められたときは必ず応じなければならない（1条／刑罰が伴う）。もっとも強制調査といえども、強制捜査・逮捕はできず、証人としての出頭、書類の提出などに限定される。

　ロッキード事件、リクルート事件では多くの関係者が議院証言法にもとづき議院に呼ばれた。だが疑惑は疑惑を呼び、国民に真実を明らかにすることはできなかった。確かに各議院が行う国政調査は、裁判所とは異なり、法律上も一定の限界はある。しかし各議院は、疑惑を解明するために、満足のゆく活動を果たしているのであろうか。現在の国政調査のあり方について次のことを指摘しておきたい。

　まず、証人が必ずしも真実を告白していないことが問題である。もちろん嘘の証言をすれば、偽証罪で起訴されるが、自己並びに配偶者など親族が、刑事訴追を受け、または有罪判決を受けるお

それがある場合には、証言は拒むことはできる（4条）。これでは、たとえば贈収賄事件で贈賄側（民間企業者）が、どの政治家にいくら配ったかを議院で公表することはまずない。嘘をつけば、偽証罪となり、本当のことをいえば刑事事件として訴追される。

　この弊害を除くには、刑事訴訟法に導入された**司法取引制度**が参考となる。贈賄側である国民に刑事免責を与え、将来にわたり、刑事訴追をしないことを約束し、そのかわり本人が知っているすべての事実を公式に証言させる。そうすれば、関係する政治家の実名や事実関係は、裁判を待たなくても、議院の手で明らかにすることはできるであろう。

　もっともこれには、議院証言法の改正が必要である（最高裁判所は刑事免責制度に否定的判断を示したことがある。最大判平成7年〔1995年〕2月22日刑集49巻2号1頁／ロッキード事件）。さらには、国民の意識の課題として、刑事免責を付与したとしても「世話になった人を裏切れない」という信条が共有化されている社会では、この制度を導入しても効果が乏しいという指摘もある。


## ⑤　国会の活動

### 1．会　期

　国会は常時開かれているのではなく（常時国会が開かれる形態を無休国会主義という）、一定期間だけ活動する。この国会が活動する期間を会期という。会期は(1)**常会（通常国会）**、(2)**臨時会（臨時国会）**、(3)**特別会（特別国会）**の3種類がある。常会は「毎年一回これを召集」し、毎年1月中に召集するのが原則である（国会2条）。臨時会は、内閣が召集する。但し、「いづれかの議院の総議員の四分の一以上の要求があれば、内閣は、その召集を決定しなければな

らない」(53条)。この臨時会召集は内閣の法的義務である。特別
会は、衆議院が解散されたあと、衆議院総選挙の日から30日以内
に召集される (54条1項)。この特別会では、内閣総理大臣の指名
が他のすべての案件に先だって行われる (67条1項)。

## 2．参議院の緊急集会

　衆議院が解散されたとき、参議院も閉会となる。しかし国会閉
会中に、内閣が国会の議決を早急に要する事態が生じることがあ
る。そのための制度が、**参議院の緊急集会**である。
　緊急集会は、国会の議決を要する事項で、衆議院総選挙後に開
かれる特別会の召集を待てないほど「国に緊急の必要があるとき
に」限り、内閣によって召集される。緊急集会は、国会の代行機
関としての権能をすべて行使する。したがって、法律、予算の議
決などすべてに及ぶ。但し、憲法改正の発議はできない。また緊
急集会の議決は暫定的であり、「次の国会開会の後十日以内に衆
議院の同意がない場合には、その効力を失ふ」(54条3項)。

## 3．両院協議会

　現憲法下の二院制は、衆議院の優越を原則とした構成をとる。
しかし、衆議院の議決が、参議院に対し一方的に優先されるより
も、両院の議決がなるべく合致した方が望ましい。そこで憲法は、
両院をとりもつ機関として「両議院の協議会」の設置を認めてい
る。国会法ではこれを**両院協議会**といっている。
　両院協議会は、各議院で選挙された各々10人の委員から組織
される (国会89条)。予算の議決、条約の国会承認、内閣総理大臣
の指名につき、両議院の意見が一致しないときは、必ず両院協議
会は開かれなければならない (必要的両院協議会)。また法律案の議

決について衆議院が開催を要求した場合、あるいは参議院が要求し衆議院がこれに同意したときも、両院協議会は開かれる（任意的両院協議会）。

　両院協議会は、両院の妥協を図るため「成案」作成し、またその仕事に限定される。両院協議会の出席委員の3分の2以上の賛成で成案が成立する。成案が得られたときは、「両院協議会を求めた議院において先ずこれを議し、他の院にこれを送付する」（国会93条1項）。成案は、各院で過半数の議決で成立する。成案は、各院で修正できない。賛成するか反対するかのいずれかの議決に限定される。

**Book Guide ●**

阿部斉『デモクラシーの論理』（中公新書、1973年）

石川真澄・山口二郎『戦後政治史〔第4版〕』（岩波新書、2021年）

大石眞『議会法』（有斐閣アルマ、2001年）

大山礼子『国会学入門〔第2版〕』（三省堂、2003年）

加藤一彦『議会政治の憲法学』（日本評論社、2009年）

# 国会と内閣／議院内閣制

## ①　国民代表と選挙

### 1．国民主権と国民代表の意味

　主権が国家に帰属することを国家主権という。この国家主権の下で主権保持者が君主である場合は君主主権、国民の場合は国民主権という。憲法前文・1条において主権の所在が国民にあると定められているので、日本は国民主権の国家である。日本国憲法において国民主権が定められた実質的効果は、天皇を主権者国民の下に置くことにある。日本国憲法制定によって象徴天皇制が新たに作られ、また天皇の権能は憲法6条・7条の列挙事項に限定される。

　国民に主権があるという場合、その国民とは誰を指すのであろうか。天皇（君主）主権の場合、主権者は天皇（君主）ただひとりの具体的個人であるのに対して、国民主権の「国民」とは何をいうのであろうか。国民を集合体を指す抽象名詞としての「国民」と捉える考え方を**ナシオン主権**という。これに対し、「国民」を主権行使する具体的な個々の人間と捉える立場を**プープル主権**という。

### 2．国民の2つの側面

　ナシオン主権によれば、国民代表は論理上、不可欠な存在であ

る。というのも、国民主権が抽象化された国民にあるという場合、この主権を動かす具体的装置が何かが問題となってくるからである。この点につき憲法前文は「日本国民は、正当に選挙された国会における代表者を通じて行動し」と定めているが、これは主権が国民に帰属することを踏まえ、実際の場面では国民代表機関の国会が政治を行わざるを得ないことを明らかにしている。

　この国民主権の考え方では、主権所有者と主権行使者とが一致しないことを前提としている。他方、プープル主権論からは、本来、主権を行使するのが具体的個々人にあるとされるため、理念的には直接民主制が想定されている。しかし政策決定について国民が直接行うことが不可能であるため、直接民主制の次善の策として代表制が構想される。

　この2つの考え方の相違は、国民代表機関である議員の性格、国会の構成をどうすべきかという論点と関連する。具体的にいえば、(1)代表者（議員）は各選挙区の代表者ではなく、「全国民」の代表者として存在しているのか否か。(2)代表者は選挙区の国民から委託を受けず、自己の判断によって行動できる自由委任の法的地位を有しているのか否か（**命令的委任の禁止**）。(3)民意を数的な正確性をもって反映する選挙制度が唯一の選挙制度の指標なのか否かなどの課題である。

　ナシオン主権論からは、議員の全国民の代表制の強調、命令的委任の禁止（議員に対する有権者からの自由委任の保障）、民意を正確に反映する比例代表制にこだわらない姿勢がみられる。これに対し、プープル主権では、議員を国民が支配するという意味で、議員を国民の「代理人」のように扱い、命令的委任を認める立場に立つ。また選挙制度に関しても、民意を正確に反映する比例代表制に親和的傾向をもつ。

憲法が定める国民主権、国会議員が全国民の代表者であるとの規定には、ナシオン主権とプープル主権の見方が同居しており、今日ではナシオン主権をベースにしつつ、国民代表の実質化という側面ではプープル主権にもとづく選挙制度の構築が求められている。そうした中間的代表観念は社会学的代表とも呼ばれる。

## ② 選挙制度

### 1．選挙権

選挙は、(1)普通選挙（15条3項）、(2)平等選挙（14条・44条）、(3)秘密選挙（15条4項）、(4)直接選挙、(5)自由選挙の5つの柱からなる。以上の内、普通選挙と平等選挙が最も重要な憲法的要請である。

**普通選挙**とは、一定の年齢に達した国民であれば、誰でも選挙権を有するという原則である。普通選挙と対立する観念は制限選挙である。旧憲法下の衆議院選挙では、当初、直接国税15円以上の納税者に限って選挙権が付与されていた（有権者数は全人口の1.3％）。男女普通選挙が日本で始まったのは、1945年の衆議院選挙からである。現行の公選法9条では、18歳以上の日本国民が選挙権を有する。

**平等選挙**とは、選挙権の平等を意味する。選挙権の平等は、(1)投票の平等、(2)投票価値の平等、(3)投票の結果価値の平等の3つある。(1)投票の平等とは、有権者が同一数の投票用紙をもつことを意味する。たとえば、年収2000万円以上の者には2票与えるといったような制度は許されない。一人一票（one man-one vote）である。

同一枚数の投票用紙を有権者に配分して投票を行っても平等は実現されない。投票用紙を山積みした場合、各有権者に渡される

投票用紙の厚みが異なれば、山の高さは数の多さとは一致しないからである。そこで投票用紙の厚みの平等も必要である。これが⑵**投票価値の平等**の課題であり、一票の較差の問題である。一票の較差は、次のような場合に生じる。A選挙区の有権者が10万人、B選挙区の有権者が50万人存在し、それぞれ1名だけ衆議院議員を選ぶとする。その場合、両者間の有権者の投票価値は1対5であり、B選挙区有権者の投票の価値は、A選挙区の投票価値よりも重みがないということになる。

　最高裁判所は、旧衆議院選挙制度である中選挙区制下の一票の較差訴訟において、1対5の較差がある場合は、当該選挙は憲法14条に違反し違憲であると判決したことがある（最大判昭和51年〔1976年〕4月14日民集30巻3号223頁）。もっとも最高裁判所は、当該選挙の違法を宣言するにとどめ、行政事件訴訟法31条にもとづく**事情判決**の考え方を援用し、選挙自体を無効とはしなかった。

　現在の衆議院選挙制度の下でも、較差は存在している。その原因は、小選挙区制を導入するにあたって、都道県別に1小選挙区を最初に配分し、残余を人口数に応じて小選挙区を新たに加算するという「1人別枠方式」を採用したからである。最高裁判所は、「1人別枠方式は、おのずからその合理性に時間的な限界がある」ことを前提に、「1人別枠方式に係る部分は、憲法の投票価値の平等の要求に反する」と判示し、違憲状態を宣言した（最大判平成23年〔2011年〕3月23日民集65巻2号755頁、最大判平成25年〔2013年〕11月20日民集67巻8号1503頁、最大判平成27年〔2015年〕11月25日民集69巻7号2035頁の判決も違憲状態判決）。

　参議院議員選挙についても、都道府県別の選挙区選挙に関し1票の較差訴訟が提起されている。最高裁判所は、最大較差1対4.78を合憲としつつ、既存の都道府県別選挙制度に関し、「速や

かに、投票価値の平等の重要性を十分に踏まえて、適切な検討が行われることが望まれる」（最大判平成21年〔2009年〕9月30日民集63巻7号1520頁）との法定意見を表明した。

　これらの判断に対し、国会による法律改正の動きは鈍く、早急な抜本改革が望まれている。

　(3)**投票の結果価値の平等**とは、投票の最終場面で投票の集計結果が議席占有率と比例性をもつことを意味する。たとえば、A党40％、B党30％、C党20％、D党10％が獲得した場合、各党の議席占有率も同じ値になれば、結果価値の平等は実現されることになる。この結果価値の平等性を実現できる選挙制度が比例代表制である。これに対して、**小選挙区制**は結果価値の平等性から一番遠い選挙制度である。というのも、甲選挙区においてA候補者〜D候補者について、4万、3万、2万、1万票が投じられたとしよう。その場合、小選挙区制ではA候補者だけが当選人となる。残りの6万票はすべて議席配分から無視される。この票を**死票**という。衆議院選挙の小選挙区の数は289議席あり、それぞれにおいて多数の死票が発生し、そのため比較優位の政党が実際に投じられた票の値よりも多くの議席を獲得している。

## 2．被選挙権

　**被選挙権**とは、選挙されうる資格をいう。公職選挙法10条1項は「日本国民は、左の各号の区分に従い、それぞれ当該議員又は長の被選挙権を有する」と定め、同1号では「衆議院議員については年齢満二十五年以上の者」、同2号では「参議院議員については年齢満三十年以上の者」としている。

　女性の政治参加がしやすいように、立候補の段階で女性候補者数を増やすことが従来より求められてきた。いわゆる女性クォー

ター制度の導入である。日本では、「**政治分野における男女共同参画の推進に関する法律**」が、2019年に成立し、「男女の候補者の数ができる限り均等」（同2条）になることが、各政党に求められ始めた。現段階では、本規定は理念規定であり、実効性は乏しいという批判もある。しかし、女性の社会進出が一番遅れている公職の政治分野に、女性への配慮規定を置いたことは、新しい政治の始まりを予感させる。

### 3．選挙制度

　衆議院の選挙制度は**小選挙区比例代表並立制**である。総議席数は465議席であり、小選挙区は289議席、比例代表は176議席である（公選4条1項）。小選挙区制とは、一選挙区の当選人を1名とする制度である。2人以上当選者を出す制度を大選挙区制という（なお、日本では3〜5人当選者を出していた制度を中選挙区制と呼んでいた）。一選挙区1名当選であるから、衆議院小選挙区は289選挙区ある。176議席の比例代表については、日本全土を11ブロックに分け、それぞれに定数を割り振り、各ブロックごとに比例代表選挙を行う。比例代表の名簿は、予め政党が作成しかつ当選順位が定められた**拘束名簿式**であり、議席配分の計算式は**ドント式**が採用されている。もっとも比例代表の名簿では当選順位を全員一位とすることもできる。その場合は、比例代表の候補者は小選挙区と重複立候補できるため、重複立候補した小選挙区における惜敗率（当選者の獲得票数を分母とし、当該候補者の獲得票数を分子とする値）が高い順に順位づけが行われる。

　参議院選挙制度は都道府県単位を基本とする選挙区選挙（鳥取＋島根、徳島＋高知は合同選挙区）と全国単位の比例代表選挙との混在型である。総議席数は248議席であり、選挙区選挙は148議席、比

例代表は100議席である。憲法46条により参議院選挙は半数改選制であるため、3年ごとに行われる選挙では、それぞれ半数になる。

選挙区選挙では、有権者数によって配分される議員定数が異なる。3年ごとの選挙では、有権者数が少ない県では1名の配分、逆に多い東京では6名配分される。つまり都道府県別選挙区選挙は、小選挙区制と大選挙区制の混在型である。比例代表は**非拘束名簿式**である。当選順位が予め付されていないため、有権者は比例代表選挙では、政党名か政党所属の候補者個人名のいずれか記載して投票する。名簿順位は個人名の票の多さによって定まる。

ただし、2018年に参議院比例代表選挙の部分について、特定枠名簿登載者制度が導入された。このいわゆる特定枠は、非拘束名簿の中から当選優先権を付与したい候補者について、当選順位を予め1位、2位と付し、他の候補者よりも当選可能性を高める制度である。最高裁判所はこの制度を合憲と判断した（最判令和2年〔2020年〕10月23日判時2481号9頁）。しかし、非拘束名簿式の中に拘束名簿式を導入することは、公選法上の法体系とは合致しない。今後、特定枠の撤廃が議論になろう。


## 3　議院内閣制

### 1．統治方法

統治方法は、主に2つある。**大統領制**と**議院内閣制**である。大統領制では、行政権のトップに立つ大統領は、直接・間接に国民によって選出され、その政治責任は直接国民に対して負う。議院内閣制では、行政権のトップは首相（日本では内閣総理大臣という）であり、首相が内閣を形成し、その首相・内閣は議会第一院の多数派の信任を条件として存立が許され、その政治責任は第一院に

対して負う制度である。大統領制の例としてアメリカ、韓国があり、議院内閣制の例としてイギリス、日本、ドイツなどがある。

## 2. 議院内閣制の特色

　憲法66条3項は「内閣は、行政権の行使について、国会に対し連帯して責任を負ふ」と規定している。つまり内閣はもっぱら国会の信任に依拠して、その存立が認められる。内閣の長は内閣総理大臣であり、その権限は絶大である。内閣総理大臣は行政各部を指揮監督し、任意に国務大臣を罷免することができる（68条2項）。内閣への国会の統制は国会における行政権行使一般に対する審議を通じて行うが、最終手段として内閣不信任決議権がある。これに対し、内閣は衆議院の解散権を有する（69条）。

## 3. 衆議院の解散

　**衆議院の解散**とは、衆議院議員の全員について任期満了前にその身分を失わせることを意味する。憲法7条3号は天皇の国事行為として「衆議院を解散すること」が定められているが、実質的権限は内閣にある。憲法69条は「内閣は、衆議院で不信任の決議案を可決し、又は信任の決議案を否決したときは、十日以内に衆議院が解散されない限り、総辞職をしなければならない」と定めているが、69条所定事由以外にも内閣は衆議院を解散できるという憲法慣行が今日確立している。

　内閣による衆議院解散、その後の衆議院総選挙は、日本では例外ではなく、むしろ常態化している。衆議院議員の任期満了（4年）による総選挙は戦後一度しかない（1976年12月）。解散権は、憲法上、内閣に付与されているが、しかし政治運用の場面では首相の専権事項である。この首相の解散権は、衆議院議員に対し絶

対的優越権をもつ。というのも、内閣が進める政策に反対する野党議員のみならず、与党議員に対しても、首相が解散をちらつかせるだけで全衆議院議員は次回選挙の当選のために、事実上選挙活動を開始しなければならず、国会運営は内閣ペースで進めることができるからである。

参議院に対しては内閣の解散制度はない。しかし、参議院は内閣総理大臣への**問責決議権**をもっている。この決議には法的効果はないが、政治責任の所在を明らかにする点で大きな効能がある。実際、2008年6月に福田首相に対する問責決議が参議院で初めて議決され、福田首相はその後、政権を維持できなくなった。

## 4．首相公選論

政党が国政の中心的地位を占めるのが現代国家の特質である。議院内閣制を採用する場合、衆議院選挙が政党中心に行われ、多数党の党首が首相の地位も獲得する。そこでは、国民の議員選挙が議員の決定を超えて政党選択となり、この国民の政党選択の結果、内閣が形成される。日本の場合こうした傾向は1990年代から強まってきた。イギリスの議院内閣制のように、国民→政党選択→議会の多数派形成→内閣の形成という回路が作られ始めている。

この回路が働くには、選挙制度が人物選択よりも政党・政策選択に主眼が置かれ、しかも政党の数も少なく、選挙後直ちに「誰が首相になるか」が政党勢力によって必然的に決定されることが条件である。選挙後、各党の話し合いにより、連立の組み合わせが定まり、その結果として首相が決定されれば、その回路の効能は半減する。

他方、「首相公選論」が今日改めて唱えられている。この見解によれば、議院内閣制における首相は、政党を媒介とせずに、国

民による直接選挙で選出されるべきだという。つまり国民に直接
信任を置く首相が、政治的リーダーシップを発揮し、トップダウ
ン型行政運営を可能にすることが意図されている。「首相公選論」
については、(1)議会の信任から解き放たれた内閣への統制は、ど
のようにして行うのか。(2)議会の信任を必ずしも必要としない内
閣が議会解散権をもつことは、圧倒的な内閣優位性を確立させな
いかなど批判的見解は多い。


## ④　内閣の権能

### 1．行政権の定義 ◇◇◇◇◇◇◇◇◇◇◇◇◇◇◇◇◇◇◇◇◇◇◇◇◇◇◇◇◇◇◇

　行政権とは、国家作用から立法権（国会）、司法権（裁判所）を
除いたすべての国家作用をいう（控除説）。この引き算的説明は今
日でも通説である。この通説的把握の背後には、(1)君主が独占し
ていた国家作用から立法権がはぎ取られ、さらには司法権も君主
の手から離れ、残余の部分だけが君主がもっていたという歴史的
経緯と合致すること、(2)現在の複雑な行政国家にあって、行政権
をもれなく定義することが困難になったという実際的意味、この
２つが控除説の根拠としてあげられている。


### 2．内閣の組織 ◇◇◇◇◇◇◇◇◇◇◇◇◇◇◇◇◇◇◇◇◇◇◇◇◇◇◇◇◇◇◇◇◇

　**内閣**は内閣総理大臣と国務大臣によって構成される合議体であ
る（66条１項）。内閣法３条によれば、国務大臣の数は原則14名以
内とし、特別な場合は３名を加え、計17名以内と法定されている
（復興庁新設にともない一時的に18名に増員）。国務大臣は各省庁の「主
任の大臣」として各行政事務の分担管理を行う。しかし、行政事
務を分担管理しないいわゆる無任所大臣も置くことができる（内

3条2項）。

　内閣総理大臣は「国会議員の中から国会の議決で」指名される。
「国会議員」と定められているため、内閣総理大臣は参議院議員
もなり得るようにみられる。しかし、衆議院議員に限定して解釈
するのが本道である。というのも、議院内閣制の下では、衆議院
と内閣とは不可分一体の関係性にあり、内閣の運命は衆議院に委
ねられているからである。参議院議員が内閣総理大臣になった場
合には、衆議院解散に関係なく自己の国会議員としての資格は継
続し、逆に参議院議員の任期が満了になれば、内閣総理大臣の在
職要件である国会議員（この場合は参議院議員であること）であるこ
とが欠如することになる。現憲法において参議院議員が内閣総理
大臣になったことはない。

　国務大臣は、内閣総理大臣が任命する（68条1項）。また内閣総
理大臣は任意に国務大臣を**罷免**できる（同2項）。つまり内閣総理
大臣は自分の意思で国務大臣を選び、首も切ることができる絶大
な権限を有している。ここでいう「罷免」とは世間でいう懲戒免
職処分とは異なる。国務大臣に非行があるから罷免するのではな
く、自己の内閣にとって当該国務大臣が害悪を与える可能性があ
るという理由で内閣総理大臣が罷免権を行使するのである。内閣
総理大臣が罷免権を行使した実例は現在まで4回しかなく、国務
大臣の自発的辞任で決着する場合が多い。

　通常17名の国務大臣は「その過半数は、国会議員の中から」選
ばれる（68条1項）。大体、衆議院議員の中から選ばれるが、参議
院議員も1〜2名程度任命されることがある。逆に民間人が国務
大臣に任命されることもある（民間大臣）。内閣総理大臣の意向を
忠実に実行してくれる外部のブレーンを国務大臣に任命すること
はその内閣にとっては適切であろう。しかし、外部からみれば、

国政選挙によって民意の洗礼を受けていない者を国務大臣にすることは、国務大臣の国民に対する政治責任の自覚という点で適切とは言い難い面もある。

内閣総理大臣及び国務大臣は**文民**（civilian）でなければならない（66条2項）。「文民」とは、軍人（soldier）でない者をいう。憲法制定時には、職業軍人の経歴をもっている者は内閣のメンバーにはなれないという意味があった。現在この文民規定は意味がなくなったといえるであろうか。政府解釈によれば、文民に該当しない者として、(1)現在、自衛官の身分をもっている者、(2)軍国主義的思想に深く染まっている者をあげている。しかし、自衛官は軍人であり、したがって、現在及び過去において自衛官の経歴をもっていた者はすべて文民ではないと解するべきであろう。

## 3. 内閣の権能

内閣は政治の要である。内閣の権能は、憲法73条各号列挙事項のほか、広汎な一般行政事務を掌握する。とりわけ内閣の重要な権能は予算の編成である。

**予算**とは一会計年度における国家の財政行為の準則である。予算は内閣が作成し、国会の議決によって成立する（86条）。予算の成立には通常の法律とは異なる手続が課せられている。予算の審議は衆議院からである。これを衆議院の予算先議権という（60条1項）。予算の議決も衆議院の優先が認められている（同2項）。

予算の法的性格は法律とは異なり、「予算」という特別な法形式である。これに対し、予算と法律とは同じ法的性格をもつと唱える予算法律説も有力である。しかし、憲法上の扱いは、予算と法律とを区別しており、予算に法律と同じ効力を認めていない。したがって予算が成立した場合にも、予算関連法律が未成立の場

合は、予算は執行不可能となる。予算自体の議決は衆議院の優越
が認められるため、参議院が予算を否決しても予算は成立する。
しかし、予算関連法律に関し参議院が否決した場合には、問題は
深刻となる。というのも、予算関連法律を衆議院が再議決可能な
のは、衆議院において3分の2以上の多数がある場合に限られる
からである。その点、参議院多数派が衆議院多数派と異なる勢
力・政党によって占められているいわゆる「逆転国会」がある場
合には、常に国会を中心とした緊張ある妥協案作成が望まれる。

　予算の逆が決算である。国家の収入支出の決算は、毎年度、**会
計検査院**が検査して、内閣は次年度に国会に報告しなければなら
ない（90条）。国会はこの決算について承認・不承認の議決を行う。
ただし、不承認の場合にも決算自体の効力に変化は与えず、内閣
の政治責任を明らかにするにとどまる。なお、会計検査院は憲法
上、内閣から独立した特別な行政機関である。会計検査院の首脳
を検査官という。検査官3名は、両議院の同意を経て内閣が任命
する（会検4条1項）。ここでいう「両議院の同意」とは、衆議院
及び参議院がそれぞれ賛成をしなければならないという意味であ
る。国会の同意を必要とする人事案件では、両議院の地位は同一
であり、衆議院の優越は認められていない。

Book Guide ●

加藤一彦『議会政の憲法規範統制』（三省堂、2019年）

杉原泰雄／只野雅人『憲法と議会制度』（法律文化社、2007年）

辻村みよ子『市民主権の可能性』（有信堂高文社、2002年）

樋口陽一『憲法と国家』（岩波新書、1999年）

山口二郎『民主主義は終わるのか』（岩波新書、2019年）

# 裁 判 所

## 1  司法権の意味

### 1．司法権の概念と範囲

　憲法76条1項は「すべて司法権は、最高裁判所及び……下級裁判所に属する」と定め、裁判所が司法権を独占することを明らかにしている。ここでいう**司法権**とは、具体的争訟について法を適用し、宣言することによって、これを裁定する国家作用である。つまり、具体的事件に応じて、法を用いて何が違法で何が適法であるかを最終的に決定する作用が司法の本質である。

　司法の範囲は、2つの法系によって大別できる。旧憲法時代ではヨーロッパ法系に習い、司法を民事・刑事の事件に限定していた。そのため通常裁判所はこの2つの事件だけを扱い、行政に関わる事件については行政裁判所が管轄権を有していた。現憲法ではアメリカ法系に従い民事・刑事・行政事件の一切の争訟を司法の概念の範囲に含めている。

### 2．法律上の争訟

　裁判所法3条1項は「裁判所は……一切の法律上の争訟を裁判し」と定めている。この意味は、司法の本質には**具体的事件性**（具体的争訟性）が存在していることを意味する。つまり「法律上の

争訟」とは、(1)当事者間の具体的な権利義務ないし法律関係の存否に関する紛争であること、(2)その紛争が法を適用することにより終局的に解決することができるもの、この2要件が必要である。

「法律上の争訟」に該当しない代表例として、(1)単なる事実の存否、個人の主観的意見の当否、学問・学識上の議論、(2)宗教上・信仰上の価値の争いである。前者の例として「ミスコン」のような「誰が一番、美人か?」といった主観的判断は裁判の対象にはならない。後者の例として、宗教上の教義も裁判官が判断することはできない。それぞれの領域において、法を用いては解決不能だからである（最判昭和56年〔1981年〕4月7日民集35巻3号443頁／**板まんだら事件**）。

## 3. 司法権の限界 ∾∾∾∾∾∾∾∾∾∾∾∾∾∾∾∾∾∾∾∾∾∾∾∾∾

「法律上の争訟」が存在しても、一定の理由があるときには、裁判所がその審査権を行使できない場合がある。(1)憲法上の例外、(2)国際法上の例外、(3)団体内部事項の行為（部分社会論）、(4)統治行為である。

(1)憲法上の例外とは、憲法で明文上、司法権から除外されている事項をいう。その例として、議員資格争訟裁判（55条）、弾劾裁判（64条）、議事手続（58条2項）がある。また、各議院の自由裁量行為、内閣の自由裁量行為（大臣の任命、罷免など）についても、対象外である。

(2)国際法上の例外には、一般国際法上の例外と個別条約上の例外の2つがある。前者の例としては、外交使節・外交官に対する治外法権、外交官特権がある。個別条約上の例外として、日米安保条約にもとづく同地位協定17条によるアメリカ軍構成員等に対する刑事裁判権の例外がある。

(3)団体内部事項の行為に関しては、国の裁判介入はその団体の自治を尊重する建前から、抑制されるべきだという見方がある **(部分社会の法理)**。団体といってもその形態は多様であり、団体の行為が一般に裁判所の審査対象外ということではない。自律的秩序が高い団体に限って団体の当該行為を尊重すると解するのが通説・判例である。たとえば公的団体では、地方議会、独立行政法人の大学、私的団体では、弁護士会、宗教団体、労働組合、私立大学・学校、政党などがあげられている。もっともそうした団体の行為が過大な処分の場合は、裁判所は介入することができる（最大判令和2年〔2020年〕11月25日民集74巻8号2229頁）。

最高裁判所は、地方議会議員に対する出席停止の懲戒処分の有効性が争われた事例（最大判昭和35年〔1960年〕10月19日民集14巻12号2633頁）、国立富山大学単位不認定事件（最判昭和52年〔1977年〕3月15日民集31巻2号234頁）、板まんだら事件、日本新党事件（最判平成7年〔1995年〕5月25日民集49巻5号1279頁）において、それぞれ団体内部事項に関する当該団体の自主的判断を尊重し、裁判所の審査につき謙抑的姿勢をとることを明らかにしている。

(4)**統治行為**とは、高度の政治性のある国家行為に関しては、裁判所は政治責任をもって判断し得ないので、当該国家行為は裁判所の審査の外にあるとみる考え方である。最高裁判所は苫米地事件において、内閣による衆議院解散行為を統治行為であると認めている（最大判昭和35年〔1960年〕6月8日民集14巻7号1206頁）。しかし、統治行為は本来、法律上の争訟なのであるから、裁判所が審査しないという姿勢は、消極的すぎるといえよう。

## 2 司法権の独立

### 1．裁判所の組織構成 ◇◇◇◇◇◇◇◇◇◇◇◇◇◇◇◇◇◇◇◇

　裁判所は、最高裁判所と下級裁判所からなる（76条1項）。最高裁判所は3つの小法廷（各5名）とひとつの大法廷（全15名）の4法廷がある。通常は小法廷で裁判が行われる。大法廷は、法律などの憲法判断を初めてする場合に開かれる（裁10条）。下級裁判所は、高等裁判所（8ヵ所）、地方裁判所（50ヵ所）、家庭裁判所（50ヵ所）、簡易裁判所（438ヵ所）がある。

　刑事事件の第一審は地方裁判所から始まる。第一審から第二審（高等裁判所）への移行手続を**控訴**という。さらに第三審として最高裁判所へと進む手続を**上告**という。基本的に裁判は3回受けられるが、これを**三審制**という。なお、罰金刑のような軽微な刑事事件は、簡易裁判所が第一審である。

　民事事件の場合は、裁判で争っている金額（訴額）によって、第一審裁判所は異なる。学生が巻き込まれる民事上の紛争は、10万円単位が多いであろう。その場合は、簡易裁判所が第一審である。140万円以上の争いがある場合には、第一審は地方裁判所からである（裁33条）。民事事件も三審制が原則である。なお、知的財産権（著作権、特許権など）をめぐる迅速な裁判が求められたために、知的財産高等裁判所が東京高等裁判所内に設置された（2005年）。また、行政事件については、訴額にかかわらず第一審は地方裁判所である。

### 2．裁判官の任命 ◇◇◇◇◇◇◇◇◇◇◇◇◇◇◇◇◇◇◇◇◇◇◇◇◇

　最高裁判所長官は、内閣の指名にもとづき天皇が任命する（6条2項）。その他の最高裁判所の裁判官は内閣が任命する（79条1項）。

　下級裁判所の裁判官は、「最高裁判所の指名した者の名簿によって、内閣でこれを任命する」（80条1項）。要するに裁判官の任命については、必ず内閣の意思が入る仕組みになっている。

　最高裁判所の裁判官の定年は70歳である。下級裁判所の裁判官の定年は65歳であるが、簡易裁判所の裁判官だけは70歳である。

　下級裁判所の裁判官の任期は10年とされ、その後再任するという方式がとられている（80条1項）。最高裁判所にとって不都合な裁判官を名簿に入れないことで、再任拒否が行われた事例がある。**宮本判事補再任拒否事件**（1971年）では、最高裁判所による裁判官への人事統制が行われたと批判された。

### 3. 司法権の独立

　司法権の独立は、大津事件（警備巡査・津田三蔵がロシア皇太子を斬りつけた国際的事件／1891年）の例にみられるように、旧憲法時代にも比較的守られていた。しかし司法権の独立は、現憲法によって初めて憲法上、確立した。

　司法権の独立は、他の国家機関からの独立という意味で対外的独立性と裁判所にいる個々の裁判官が職権を独立して行使するという意味で対内的独立性の2つを意味する。

　司法の対外的独立が脅かされた事例として**浦和充子事件**が有名である。夫が生業を顧みず絶望した妻が子供を道連れに親子心中を図り、妻が死にきれなかった殺人事件について、浦和地方裁判所（現さいたま地方裁判所）は懲役3年執行猶予3年の温情判決を下した。これに対し、参議院法務委員会はこの事件について、量刑不当を理由に本件を全般的に調査したことがあった。この事例は担当裁判官が下した判決内容を議院が調査をするという点で、司法の対外的独立への侵害行為といえる。

対内的独立の侵害事例として、**吹田黙禱事件、平賀書簡事件**が有名である。後者は、地方裁判所所長が担当裁判官に判決文を「書簡」の形で指導した悪質な事例である。

## 4．裁判官の身分保障

憲法78条は「裁判官は、裁判により、心身の故障のために職務を執ることができないと決定された場合を除いては、公の弾劾によらなければ罷免されない。裁判官の懲戒処分は、行政機関がこれを行ふことはできない」と定め、裁判官は厚く身分が保障されている。

しかし、不良な裁判官も存在し、そのような裁判官を職にとどめることはできない。裁判官を罷免する場合を法は厳格に定めている。罷免事由として、⑴職務執行不能の裁判による罷免、⑵弾劾裁判所による罷免（罷免件数6件、2011年末現在）、⑶国民審査による罷免の3つがある。なお、⑶は最高裁判所裁判官だけが対象である。

その他に裁判官の懲戒もある。この懲戒とは、罷免に至らない非行を前提としたもので、裁判所法49条によれば、⑴職務上の義務違反・職務怠慢、⑵裁判官としての品位保持違反につき、「懲戒」になることを定めている。この「懲戒」による制裁処分は「戒告又は一万円以下の過料」の2種類である（裁限2条）。世間でいう懲戒免職処分はこの懲戒ではできない。

## ③　違憲審査制

### 1．違憲審査制の類型

憲法81条は「最高裁判所は、一切の法律、命令、規則又は処分

が憲法に適合するかしないかを決定する権限を有する終審裁判所である」と定めている。この規定が**違憲審査制**（法令審査権）の根拠条文である。

違憲審査制は第二次世界大戦後制定された多くの憲法が採用している。というもの、第二次世界大戦期においてファシズム国家が人間の尊厳の否定のために政治権力を濫用し、人権抑圧を法律によって「合法的」に行ってきたからである。戦後、特にヨーロッパ諸国は、「法の支配」の実現のために裁判所の権限強化を図ってきた。裁判所が議会による立法を審査することによって、「憲法の優位」を実現しようとしたのである。

違憲審査制は2つの類型に分けられる。(1)アメリカ型と(2)大陸型である。

(1) **アメリカ型違憲審査制**　　アメリカ型違憲審査制の特質は、通常の司法裁判所が具体的事件に応じて個別的事件の解決のために、法律の規定と憲法の特定条項との憲法適合性を審査する点にある。つまり法律の規定を違憲と判断するには、必ず具体的事件が前提として存在し（事件争訟性の要件）、当該事件に附随して司法裁判所が違憲審査権を行使する。このアメリカの違憲審査制の特質に着眼して、**具体的・付随的違憲審査制**とも呼ばれる。

(2) **大陸型違憲審査制**　　大陸型違憲審査制の特質は、通常裁判所とは異なる憲法裁判所が必ずしも具体的事件を前提にせず、憲法の諸条項と法律の規定との憲法適合性を独占的に審査する点にある。つまり、憲法裁判所は具体的事件と関わりなく抽象的に法律の規定が合憲か否かを判断する権限をもつ。この違憲審査制のあり方を**抽象的違憲審査制**という。

日本の違憲審査制はアメリカ型である。最高裁判所は、**警察予備隊違憲訴訟**において「わが裁判所が現行の制度上与えられてい

るのは司法権を行う権限であり、そして司法権が発動するために
は具体的な争訟事件が提起されることを必要とする。我が裁判所
は具体的な争訟事件が提起されていないのに将来を予想して憲法
及びその他の法律命令等の解釈に対し存在する疑義論争に関し抽
象的な判断を下すごとき権限を行い得るものではない」と判示し、
日本の違憲審査制がアメリカ型の具体的・附随的違憲審査制であ
ることを明らかにした（最大判昭和27年〔1952年〕10月 8 日民集 6 巻 9
号783頁）。

## 2．違憲審査の方法と対象　◇◇◇◇◇◇◇◇◇◇◇◇◇◇◇◇◇◇◇◇◇◇◇

　日本の違憲審査制は、必ず具体的事件を前提にし、具体的事件
に附随して事件解決に限って法律に対する違憲審査を行う方式で
ある。違憲審査を行う機関は、それぞれ具体的事件を担当する各
裁判所であり、最高裁判所だけが違憲審査権をもつのではない。

　尊属殺重罰規定違憲判決を例にあげると、子供が実父を殺害し
た尊属殺人事件が前提として存在し、この重罰を定めた刑法旧
200条の規定が憲法14条の「法の下の平等」と合致するか否かが
争点となり、当該刑法の規定を裁判所が違憲かどうかを判断して
いく。したがって尊属殺人が実際に発生してから、裁判所が刑法
200条の憲法適合性について判断していくのである。

　違憲審査の対象は、すべての国家行為である。しかし、憲法81
条には「条約」の文言が欠けているため、条約が違憲審査の対象
になるか否かは、学説も分かれている。この点につき、最高裁判
所は安保条約の「違憲なりや否やの法的判断は、純司法的機能を
使命とする司法裁判所の審査には、原則としてなじまない性質の
ものであり、従って、一見極めて明白に違憲無効であると認めら
れない限りは、裁判所の司法審査権の範囲外のもの」と判示して

いる（最大判昭和34年〔1959年〕12月16日刑集13巻13号3225頁／**砂川事件**）。
これをどう読むかは微妙である。「一見極めて明白に違憲無効」
な条約の場合は裁判所が違憲審査権を行使できるとも読めるから
である。

### 3．違憲判決と法律

　違憲と判断された法律の規定は、違憲無効である。違憲とされ
た法律の規定の無効性については、個別的効力説と一般的効力説
によって説明が異なる。個別的効力説によれば、違憲無効の範囲
はその事件に限定される。一般的効力説では、違憲無効の範囲は
当該事件に限らず、判決後の当該法律の効力が無効とされ、国家
機関は当該法律規定を利用することができないと捉える。一般的
効力説が妥当であろう。もっとも一般的効力説をとった場合にも、
違憲判決によって自動的に当該法律の規定が法令集から削除され
ることはない。削除するのは国会の権能だからである。したがっ
て違憲判決の効力は、当該法律の効力を冬眠させ、しかも復活さ
せないという意味で仮死状態に置くことにある。

## ④　裁判員制度

### 1．裁判員制度の概要

　**裁判員制度**は、2009年5月より開始された。国民が刑事事件に
ついて参加し、裁判官と一緒になって話し合いをし、判決を下し
ていくのである。国民にとって一番縁遠い役所が裁判所である。
しかし、今度はそうはいかない。諸君が18歳以上の日本国民であ
れば、いつ裁判員になっても不思議ではない。

　裁判員が参加するのは刑事事件だけである。刑事事件の内、死

刑・無期に該当する重大事件の第一審について、3人の裁判官とともに6人の裁判員が評議（話し合い）し、評決（結論）を下すのである。

18歳以上（衆議院議員選挙の選挙権を有する者）の日本国民が裁判員候補者の対象であるが、兼職禁止事由者は除かれる（裁判員の参加する刑事裁判に関する法律15条／たとえば、国会議員、警察官など）。その他、辞退事由も定められている（同16条）。辞退事由には「学生」も入っている。学業専念義務が求められているからであろう。しかし、学生時代に裁判員の経験を積んでおくことは、決して損ではない。授業と折り合いがつけば、是非参加してみよう。

判決は多数決が基本である。ただし、被告に不利な判決を下す場合には、裁判官と裁判員のそれぞれ1名が含まれる過半数でなければならない。つまり有罪判決を下すとき、裁判員5名が有罪、裁判員1名＋裁判官全員3名（計4名）が無罪の評決をしたときは、無罪となる。

## 2．裁判員制度の課題

法律の素人に裁判ができるか不安視されている。法律家の間でも見解は分かれている。しかし、素人でも事実認定をすることは可能である。というのも、どのような経緯で事件が起こり、それぞれの証拠が何を示しているかの判断は、裁判官と一般国民との間には差違はない。また、量刑を判断するときも、裁判所独自の「相場」があり、裁判員の考え次第で重くなったり軽くなったりする可能性は最小化されている。裁判員と裁判官との差は法的知識があるかないかだけである。

おそらく裁判員制度の根本的問題は、被告人の利益にこの制度が合致しているか否かであろう。裁判員制度の導入により、迅速

な裁判が要求され、3〜4回で判決を下すことが求められた。検察側は国家予算を使って有罪の証拠を集め、組織力によって裁判を進めることができる。これに対し、被告弁護側は、自分たちの小さな力で検察官と対峙しなければならない。その力量の差が、短期決戦型の裁判でどのような影響を及ぼすかは未知数である。

　国民が裁判員になることが司法と国民との距離を近づける契機になることは確実である。その一方で、刑事裁判の目的は、「疑わしきは被告人の利益に」(in dubio, pro reo) という被告人の権利保障にもあったはずである。

　最高裁判所は、裁判員制度について、合憲判断を下したが（最大判平成23年〔2011年〕11月16日刑集68巻8号1285頁）、これですべてが決着したわけではない。過去数年の裁判員裁判の推移を概観すると、①量刑判断では厳罰化の傾向があること、②公判前手続（争点の整理）に時間がかかり裁判開始が遅れ、迅速な裁判になっていないこと、③裁判員が死刑判決を下さざるを得ない結果、過度の負担を裁判員に課していることなどが問題点としてあげられている。おそらく試行錯誤しながら、日本型裁判員制度の再構築が行われていくであろう。

**Book Guide ●**

芦部信喜『司法のあり方と人権』（東京大学出版会、1983年）

市川正人ほか『現代の裁判〔第7版〕』（有斐閣、2017年）

高橋和之『体系憲法訴訟』（岩波書店、2017年）

竹田昌弘『知る、考える 裁判員制度』（岩波ブックレット、2008年）

# 地方自治

## ① 地方自治の意義

　国家にはそれ固有の政治問題があるように、地方にも固有の政治課題がある。地方の問題は基本的には地方でしか解決できない。というのも地方の問題は、地方固有の政治的調整によってのみ合理的解決が可能だからである。そこに**地方自治**を保障する基本がある。しかし、旧憲法には地方自治を保障した規定は存在せず、国が地方を支配する地方行政が行われていた。これに対し現憲法は、第8章において「地方自治」の章を置き、地方自治が憲法上の制度として初めて保障することとなった。これによって地方政治の概念自体が憲法でも認めるようになったのである。

### 1．地方自治の本質 ⚬⚬⚬⚬⚬⚬⚬⚬⚬⚬⚬⚬⚬⚬⚬⚬⚬⚬⚬⚬⚬⚬⚬⚬⚬⚬⚬⚬⚬

　地方自治の憲法上の根拠について3つの立場がある。(1)固有権説、(2)伝来説（承認説）、(3)制度的保障説（通説）である。

　(1)固有権説によれば、地方自治体は国家に先立ち存在し、国家に対し固有の自治権を有すると捉える。この見解は、地方自治権を前国家的な自然物として把握する点に特色がある。(2)伝来説（承認説）は、地方自治権を国家の統治権に由来すると捉え、国家が地方自治権を承認することによって初めて地方自治権が成立し得

るとみる。だが固有権説は、地方自治成立の歴史的事実とは異なり、この見解をとる論者は今日いない。

　(3)制度的保障説（通説）は、ドイツの地方自治の学説を日本に導入した見方である。この説によれば、まず地方自治を国家に先立って存在するものと把握し、憲法典が地方自治を積極的に認め、国家は地方自治の本質的部分については介入し得ないと捉える。この制度的保障説は、憲法で定める「地方自治の本旨」部分に関し立法による介入を妨げる目的をもっている。もっとも、「地方自治の本旨」の内容については、立法者（国会）に委ねざるを得ず、その点、制度保障から論理必然的に内容的限界点を導き出すことはできない。地方自治の根拠は制度的保障説に準拠しつつも、住民自治の実質化という視点から憲法的自治の意味を再構築していく必要がある。

## ２．地方自治の本旨の意味

　憲法92条は「地方公共団体の組織及び運営に関する事項は、地方自治の本旨に基いて、法律でこれを定める」と定めている。この「**地方自治の本旨**」は、(1)**住民自治**と(2)**団体自治**の２つの要素から成立している。

　まず、(1)住民自治とは、地方自治体が住民自らの意思によって運営されるべきという意味である。そこでは住民の意思を反映する政治機構の設置、地方自治体の最終的判断者は住民であるとする直接民主主義的要素が含まれている。

　(2)団体自治とは、地方自治体が国に対して自律した組織であり、その組織が憲法原理に従って自律的・自治的に運営されることを指す。以上の住民自治と団体自治は一体不可分の関係に立つ。すなわち、「地方自治の本旨」に合致した地方自治のあり様とは、

各地方自治体が住民の意思を直接反映した政治組織として構成され、国に対しては自律的に憲法理念にもとづいて構成されなければならないといえる。

## 3．地方公共団体の意味

　憲法92条にもとづいて地方自治の基礎法として地方自治法が1947年に制定された。同法1条の3によれば、地方公共団体は、**普通地方公共団体**と**特別地方公共団体**の2種類からなるとされる。普通地方公共団体は、都道府県と市町村の2つより構成され、これを地方自治の二段階制という。また、特別地方公共団体とは、特別区、地方公共団体の組合などをいう（同3項）。特別区は地方自治法上、東京都の区だけが法定化されている（同281条）。したがって東京の23区は、自治法上、特別地方公共団体の特別区であり、「基礎的な地方公共団体」として市町村とほぼ同格である（同281条の2第2項）。その点、東京特別区と人口50万人以上の大都市である「政令指定都市」における「区」とは性質が異なる。政令指定都市における「区」は、「市長の権限に属する事務を分掌させるため、条例で、その区域を分けて区を設け（る）」ことができるとされており、政令指定都市の区は東京特別区のような「基礎的な地方公共団体」ではない。政令指定都市の区は「区域」という意味である。

　東京特別区の区長公選制を廃止したことが争われた事件において最高裁判所は、憲法でいう地方公共団体とは「単に法律で地方公共団体として取り扱われているということだけでは足らず、事実上住民が経済的文化的に密接な共同生活を営み、共同体意識をもっているという社会的基盤が存在し、沿革的にみても、また現実の行政の上においても、相当程度の自主立法権、自主行政権、

自主財政権等地方自治の基本的権能を付与された地域団体であること」が必要であると述べ、東京特別区はこれに当たらないと判示したことがある（最大判昭和38年〔1963年〕3月27日刑集17巻2号121頁）。しかし、現在、東京特別区が地域住民の「社会的基盤」の機能をもっていないとはいえないであろう。その意味で先の最高裁判所の判決は歴史的役割を終えたとみられる。

## ② 住民自治の制度

### 1. 地方公共団体の政治構造 ◇◇◇◇◇◇◇◇◇◇◇◇◇◇◇◇◇◇◇◇◇◇◇

憲法93条1項は、「地方公共団体には、法律の定めるところにより、その議事機関として議会を設置する」。地方自治法89条は、「普通地方公共団体に議会を置く」と規定している。また、憲法93条2項は、「地方公共団体の長、その議会の議員及び法律の定めるその他の吏員は、その地方公共団体の住民が、直接これを選挙する」と規定している。この規定から地方公共団体（地方自治体）は、**二元代表制**によって構成されている。

地方議会の被選挙権は、25歳以上の日本国民にある（同19条）。有権者は、国政選挙と同様、18歳以上の日本国民である。なお、地方公共団体の内、町村は、議会に代えて「選挙権を有する者の総会」（町村総会）を設けることができる（同94条）。

地方自治体の首長の被選挙権は、都道府県知事の場合、30歳以上の日本国民である（同19条2項）。市町村長の場合、25歳以上の日本国民である（同3項）。

憲法93条2項は、それぞれの機関について「直接これを選挙する」と定められているため、地方自治法上、地方議会および首長に対する間接選挙は認められない。

## 2. 議会解散請求、議員の解職請求、首長・主たる役員の解職請求 ∞∞

　地方自治法上、議会解散請求（地方自治法76条）、議員解職請求（同80条）、首長解職請求（同81条）、主たる役員解職請求（副知事、副市町村長、選挙管理委員、監査委員又は公安委員会の委員／同86条）が法定化されている。この**解職制度（リコール制度）**は、住民による直接民主主義を体現した仕組みである。国政では、代表民主制が原則であるが、地方自治では、住民の直接参加が付加されている。議会解散請求、人に対する解職請求が成立するには、有権者の3分の1以上の連署が必要である。

　議会解散請求の場合、連署数が3分の1以上集まったときには、選挙管理委員会は、この数の確定後、解散について改めて「選挙人の投票に付さなければならない」（同76条3項）。地方議会は、当該投票において「過半数の同意があつたときは、解散するものとする」（同78条）。

　人に対する解職請求についても、議会解散請求と同一の手続があてはまる。首長・議員・主たる役職者などの解職が投票によって確定した場合、当該人物は失職する。もっとも失職した首長・議員は、被選挙権を失うことはないため、新規の選挙に改めて立候補できる。もっとも、この立候補制度の妥当性は疑わしい。

## 3. 条例制定と改廃請求 ∞∞∞∞∞∞∞∞∞∞∞∞∞∞∞∞∞∞∞∞∞

　地方自治法は、**住民発案（イニシアチブ）**を定めている。地域住民による条例の制定および改廃請求である（地方自治法74条）。条例の制定・改廃請求に関し、地域全有権者数の50分の1以上の有効な署名があれば、首長は、「直ちに請求の要旨を公表しなければならない」（同2項）。また首長は、「請求を受理した日から20日以内に議会を招集し、意見を付けてこれを議会に付議し」、その

結果を「代表者に通知するとともに、これを公表」しなければならない（同3項）。

　もっとも、住民発案の結果に関して、地方自治体の首長および議会は、独自の判断をすることができ、これに拘束されない。そのため住民の条例制定・改廃請求は、住民の意思を地域の政治機構に伝達する手段でしかない。ただ、有権者の過半数以上が連署した場合には、事実上の問題として、首長および議会は、この意見を無視することは困難であろう。というのも、住民意思をないがしろにした首長・地方議会は、解職・解散制度によって厳しい局面に立たされるからである。

## 4．条例制定権の限界 ∽∽∽∽∽∽∽∽∽∽∽∽∽∽∽∽∽∽∽∽∽∽

　地方自治法242条に基づく**住民監査請求**は、直接請求制度とは異なり、住民が単独で行うことができる。住民は、「当該普通地方公共団体の長若しくは委員会若しくは委員又は当該普通地方公共団体の職員について、違法若しくは不当な公金の支出、財産の取得、管理若しくは処分、契約の締結若しくは履行若しくは債務その他の義務の負担がある」と認めたときなどは、「監査委員に対し、監査を求め、当該行為を防止し、若しくは是正し、若しくは当該怠る事実を改め、又は当該行為若しくは怠る事実によつて当該普通地方公共団体のこうむつた損害を補填するために必要な措置を講ずべきことを請求することができる」。

　住民は、監査委員の監査結果に不服があるときには、単独で**住民訴訟**を提起することもできる（同242条の2）。この住民訴訟は、法律で特に認めた客観訴訟の一つである民衆訴訟である。住民訴訟は、首長が町の乱開発の推進者となり、自治体の財政を逼迫させたときに、その責任を追及する手段として、これまで利用され

てきた。ただ、首長の反対勢力が、もっぱら政治運動として住民訴訟を利用したこともある。住民訴訟は、住民一人でも利用できる訴訟制度であるため、安易な訴えの提起が散見される（東京都国立市マンション訴訟）。

## ③　地方自治体の条例制定権

### 1．法としての条例の意義

　憲法94条は「地方公共団体は……法律の範囲内で条例を制定することができる」と定めている。ここでいう**条例**とは、地方公共団体（普通地方公共団体〔都道府県及び市町村〕＋東京特別区）の自主立法をいう。この立法は「地域における事務及びその他の事務」に関するものに限定される（地自14条2項）。また条例には罰則規定を設けることができるが、「二年以下の懲役若しくは禁固、百万円以下の罰金、拘留、科料若しくは没収の刑又は五万円以下の過料」までとされている（同3項）。

### 2．条例制定権の限界

　憲法94条が「法律の範囲内で条例を制定する」ことを各地方自治体に認めている結果、条例は法形式上、法律より下位にある。ただ「法律の範囲内」の意味内容については、法律と条例との内容的適合性がよく問題となる。

　「法律で規制している対象には条例が関与できない」という**法律先占論**がある。この見解によれば、法律が規制していない空白領域のみ地方自治体は条例を制定できるとみる。この見解の背後には、法律すらも規制していない領域に条例を制定させ、住民の権利を法律の定めがないにもかかわらず、これを条例で制限する

のは許されないという発想である。しかし、その側面は認められ
つつも、なるべく地方自治体の自主性を重んじる立場から、法律
先占論に代わって、条例制定の内容を個別的に検証し、「法律の
範囲内」の意味を探る方法が提言されている。その際に、次のよ
うな場合分けを行い、条例制定権の限界づけが試みられている。

(1) **法律が定めていない領域への条例制定の可否**　第一に、法
律が規制していないという意味は、法律によって本来規制しては
ならない事項だと考えられる場合がある。そこでは当然、条例に
よっても当該事項への法規制は許されないと一般的にはいえる。
特に憲法で保障された人権、中でも精神的自由の領域への条例規
制は決して望ましくはない。たとえば、「地域住民の安全確保」
を目的に「地域の変質者・前科者の居住地」を条例にもとづき公
表することは、人権侵害的条例の典型である。

　第二に、法律で規制していない意味が、法律により一律に規制
すべきではなく、各地域的実情に応じて規制すべきだと考えられ
る場合がある。その代表例としてデモ規制のために各地方自治体
が制定した**公安条例**がある。最高裁判所は、デモ暴徒観にもとづ
き「不測の事態に備え、法と秩序を維持するに必要かつ最小限度
の措置」と判示し、公安条例によるデモ行進に関する事前の許可
制を合憲と判断した（最大判昭和35年〔1960年〕7月20日刑集14巻9号
1243頁/**東京都公安条例事件**）。しかし、デモ行進＝暴徒とみなす最
高裁判所の姿勢には批判が多く、また一律にデモ行進を事前に規
制する許可制度についても事前抑制禁止の法理に照らして合理性
がないという批判もある。

(2) **法律が規制している領域への条例制定**　法律が特定事項に
ついて規制している場合に、条例が法律と同一目的にもとづき法
律の対象外としている領域を規制することがある。そうした条例

を一般に「上乗せ条例」、「横出し・はみ出し条例」という。

　「上乗せ条例」の例として、旧ばい煙排出規制法が定めたばい煙排出基準よりも、公害が激しい地方自治体が条例により法律規制よりも厳しい基準設定をしたことがある。形式上、条例は法律と抵触しているが、しかし法律の基準設定が全国に統一的な最低基準の設定を意味しているという解釈が成立する限り、この「上乗せ」部分を違法判断することは適切ではない。とりわけ住民の社会権に関わる部分については、国の政策・法律が不十分なことがあり、各地方自治体の自主的判断により条例によって「上乗せ福祉」を加えることが必要な場合さえある。

　「上乗せ」条例にみられる地方自治体の独自な条例制定につき、最高裁判所は**徳島市公安条例事件**で基本的に認める立場を打ち出している。すなわち最高裁判所は「条例が国の法令に違反するかどうかは、両者の対象事項と規定文言を対比するのみではなく、それぞれの趣旨、目的、内容及び効果を比較し」つつ、「それぞれの地方公共団体において、その地方の実情に応じて、別段の規制を施すことを容認する趣旨であると解されるときは、国の法令と条例との間にはなんらの矛盾抵触は（ない）」（最大判昭和50年〔1975年〕9月10日刑集29巻8号489頁）と判示している。ただし、この事例は条例による精神的自由のひとつである「表現の自由」への規制であり、その点、この判決の政治的意図を見落とさないことが重要である。

## ④　住民投票

### 1. 住民投票条例の定義 ∽∽∽∽∽∽∽∽∽∽∽∽∽∽∽∽∽∽∽∽∽∽∽∽

　地方自治法では、住民自治にもとづき直接民主主義的制度が法

定されている。首長、議員、役員の解職制度（リコール制）に加えて、地方議会の解散請求もある。

　さらに憲法95条は「一の地方公共団体のみに適用される特別法は、法律の定めるところにより、その地方公共団体の住民の投票においてその過半数の合意を得なければ、国会は、これを制定することができない」と定め、**地方自治特別法**の制定に当たっては、住民の直接的同意が要件化されている（地方自治特別法は昭和24年〔1949年〕から26年〔1951年〕にかけて16件ある。「広島平和記念都市建設法」、「長崎国際文化都市建設法」が最初の例である）。

　**住民投票条例**とは、各地方自治体が特定の争点を首長・地方議会の意思とは別に、住民に直接問いかけることによって、特定の争点の賛否を住民自身が決定する制度をいう。この住民投票条例の最初の例は、高知県窪川町の原発誘致の賛否を住民投票で決する条例である（1982年／ただし住民投票は行われなかった）。その後、新潟県巻町の原発の賛否を問う住民投票条例が制定され、日本で初めて条例にもとづく住民投票が行われた（1995年）。

　今日、市町村レベルの住民投票条例は、原発建設、産業廃棄物処理施設の建築、自然環境保護の当否に関して相次いで制定され、多くの住民投票が行われている。県レベルでも沖縄県の米軍基地整理縮小の賛否を問う県民投票が行われたことがある（1996年）。この住民投票では実に県民の89％が米軍基地の整理・縮小に賛成票を投じた。


## 2．住民投票条例の法的拘束性

　住民投票の結果にどのような法的性格を与えるかについては、⑴裁可・決定型と⑵諮問・助言型に分けることができる。

　⑴裁可・決定型とは、住民の直接的意思が最終決定となる住民

投票制をいう。(2)諮問・助言型とは、住民投票における住民の多数意思に法的拘束力を与えず、行政執行責任者である首長にその住民意思を「尊重」させることによって、当該地方自治体の問題解決を求める制度である。

これまでの住民投票条例の実例は、すべて(2)諮問・助言型である。というのも、団体自治にもとづき議決機関として地方議会が設置され、執行機関としての首長が執行責任者である地方自治法の法構造上、住民意思に最終的な決定権限を新たに付与することは、明らかに「法律の範囲内」での条例制定とはみられないからである。とはいえ、住民投票が諮問・助言型である場合にも、住民投票の結果は事実上の拘束力をもつといえる。というのも、当該自治体の首長・地方議会は最高の民意の前では沈黙せざるを得ないからである。もし首長が住民意思を無視したときには、その行為は法的には合法ではありつつも、政治的には大きな課題を残すことになろう。

## 3. 住民投票条例の課題

住民投票条例によって何でも問題が解決するわけではない。たとえば、ゴミ処分場のようないわゆる「迷惑施設」設置を住民投票で決めることは妥当であろうか。同じ地方自治体に住んでいながら、「隣にできるわけではないので、別に反対はしない」とか「なぜ、この場所なのか、もっと北側に作ればいいじゃないか」など多様な意見が交錯する。この課題は多数決で決めることのできる問題であろうか。

この問題は民主主義の根本問題である。地方自治にも固有の政治があり、この政治的紛争の利益調整は、長期にわたる住民同士の交渉が必要である。短期決戦型の多数決は、一番問題を複雑化

させるだけである。では、何が問題解決に当たって必要なのであ
ろうか。正答はない。ただし、正答へ導くための条件はある。そ
れは、(1)情報公開、(2)住民参加、(3)開かれた討論と説得の機会の
保障である。民主主義＝多数決と単純にみるのではなく、地方自
治が「住民の住民による住民のための政治」として機能させるた
めには、もっと大きな民主主義の視点で問題を住民同士が共有化
することが不可欠である。こうした営みを経験することによって、
住民は政治的に成熟した人間として育っていく。「地方自治は民
主主義の学校である」(トクビル)との言葉の原意は、正にそこに
ある。

**Book Guide ●**

今井一『住民投票』(岩波新書、2000年)

篠原一『市民の政治学』(岩波新書、2004年)

杉原泰雄『地方自治の憲法論』(勁草書房、2002年)

高畠通敏『市民政治再考』(岩波ブックレット、2004年)

# 補 講

# 日本国憲法の課題

未来への展望

## ① 象徴天皇制

### 1. 日本の政治形態 ∞∞∞∞∞∞∞∞∞∞∞∞∞∞∞∞∞∞∞∞∞∞∞∞

　憲法は、その前文において、「主権が国民に存することを宣言」
し、「国政は、国民の厳粛な信託によるものであつて、その権威
は国民に由来し、その権力は国民の代表者がこれを行使し、その
福利は国民がこれを享受する」と定め、国家権力の正当性の根拠
が、国民にのみ存することを宣言している。他方、**天皇**について
は、第1条において、「天皇は、日本国の象徴であり日本国民統
合の象徴であつて、この地位は、主権の存する日本国民の総意に
基く」と規定している。

　この両規定から次の2つのことが導き出される。第1に、国民
が主権者であり、戦前の天皇主権が明示的に否定された点である。
第2に、**象徴天皇制**という制度は、現憲法によって初めて作られ
た点である。すなわち、象徴天皇制は旧憲法あるいはそれより以
前の天皇制とは何ら法的連続性はなく、日本国憲法により新たに
創造されたと考えられる。

　では、「象徴」とはいえ、天皇の存在を認めている日本国憲法
の政治形態は、どのように把握したらよいであろうか。一般に世
襲制の君主（王様）がいる国家の政治形態は君主制といい、その内、

君主の権能を憲法で制限しているものを**立憲君主制**と呼ぶ。その例として大日本帝国憲法の天皇制が代表的であり、現在でもイギリスの君主制はこれに属する。もうひとつの政治形態は、**共和制**である。共和制とは、国家元首が国民の直接あるいは間接選挙によって選ばれ、任期に限って国の統治を行うとする政治形態である。共和制の国家は**大統領制**である場合が多い。

　日本国憲法は、どちらの政治形態に入るだろうか。天皇が国家元首であり、同時に国家統治の重要な役割が付与されているとすれば、立憲君主制に属するとみえるかもしれない。しかし、天皇の地位は主権者である国民の意思に依存し、また天皇は「この憲法の定める国事に関する行為のみを行ひ、国政に関する権能を有しない」（憲法4条1項）とされているため、立憲君主制と捉えることは無理である。では、共和制かといえば、やはり異なる。というのも、「天皇は、日本国の象徴であり日本国民統合の象徴」（同1条）であり、しかも「皇位は、世襲のもの」（同2条）とされており、国民の選挙とは切断されて天皇が憲法上存在しているからである。

　そうすると日本国憲法の政治形態は、そもそも何かという問題が残されている。おそらく日本国憲法は、第3の特殊な政治形態だとみるのがよいであろう。政治的実権のない天皇を憲法の中に位置づけ、国民統合の任務をもつ尊厳的機能を果たす世襲的公職制度が、20世紀中葉に新規に考案されたといってよい。日本国憲法の象徴天皇制が持続するとすれば、正にこの点に価値があると国民が同意するところにある。象徴天皇制という微妙な法制度は、他国の憲法の作り方にひとつの雛形を与える可能性を宿している。

## 2. 皇位継承 ◇◇◇◇◇◇◇◇◇◇◇◇◇◇◇◇◇◇◇◇◇◇◇◇◇◇◇◇◇◇

憲法2条は、「皇位は、世襲のものであつて、国会の議決した皇室典範の定めるところにより、これを継承する」と定めている。

皇位継承原因は、2つある。第1に、天皇の死去である。憲法4条は「天皇が崩じたときは、皇嗣が、直ちに即位する」と定めている。第2に、天皇の退位である。これは、憲法4条の特例として「天皇の退位等に関する皇室典範特例法」(2017年6月制定)によって認められた特別な**皇位継承**の方法である。従来、退位の制度は**皇室典範**において認められなかったが、平成時代に天皇が高齢となり、皇位継承者(皇太子)が「御公務」を十分に果たせる年齢になったことから、退位制度を法律化した。

特例法2条は「天皇は、この法律の施行の日限り、退位し、皇嗣が、直ちに即位する」と定める。その施行日は2019年4月30日である。したがって新天皇の即位は、翌5月1日である。元号法2項は「元号は、皇位の継承があつた場合に限り改める」と規定しているので、「令和」の元号は2019年5月1日より始まる。また、特例法3条によって「退位した天皇」は、皇族の身分を継続してもつ。天皇には「皇族身分離脱の自由」はなく、市民社会において生活するいわば皇室からの「脱出の自由」は認められていない。退位後の天皇は新規に作られた「**上皇**」の地位に就き、「上皇の后」は「**上皇后**」に就く。上皇である旧天皇が「象徴としての行為」を従前行っていたことから、上皇がいかなる行為を行うことができるかが、今後、憲法問題となる。というのも、人間天皇が「象徴」と規定されつつも、天皇の地位とは切断された「天皇であった個人としての上皇」に国民が「非制度的象徴性」を感受することがあるからである。そこでは、今上天皇の「憲法上の象徴」と上皇の「非制度的象徴」が分散化し、場合によっては二重

化され、国民統合としての象徴天皇の機能は低減化する恐れもあろう。

　皇室典範1条は、「皇位は、皇統に属する男系の男子が、これを継承する」と定めている。この規定から女性皇族は皇位継承者になれず、女性天皇が生まれる法的余地は現在ない。また女性皇族は、婚姻によって皇族の身分を離れる（同12条）。そこで、現在、皇族不足問題が顕在化してきている。令和の時代に入り、高齢の常陸宮を除けば、皇位継承者は秋篠宮家の2人の男子しか存在していない（秋篠宮殿下、悠仁親王）。おそらく今後、女性皇族の皇位継承、新宮家創設など天皇を支える皇族の再構築が図られよう。しかし、その場合には、そうまでして象徴天皇制を維持する必要があるのか否か、日本国憲法が定める「象徴」の意味をどこまで読み込むか、といった憲法問題に直面する。

## 3．天皇の権能

　天皇の権能は、「この憲法の定める国事に関する行為のみ」に限定され、天皇は、「国政に関する権能を有しない」（4条1項）。**国事行為**は、すべて「**内閣の助言と承認**」を経て、天皇が行う。天皇の国事行為は、形式的・儀礼的なものであって、その中身を決定するのは、内閣及びその他の国家機関である。

　国事行為は、憲法は明確に定める以下の13の行為をいう。①内閣総理大臣の任命（6条1項）、②最高裁判所長官の任命（同2項）、③憲法改正、法律、政令、条約の公布（7条1号）、④国会の召集（同2号）、⑤衆議院の解散（同3号）、⑥国会議員の総選挙施行公示（同4号）、⑦官吏の任免、大使・公使の信任状の認証（同5号）、⑧大赦、特赦、減刑、刑の執行の免除、復権の認証（同6号）、⑨栄典の授与（同7号）、⑩批准書、外交文書の認証（同8号）、⑪外

国の大使・公使の接受（同9号）、⑫儀式を行うこと（同10号）、⑬国事行為の委任（4条2項）。

　以上13の国事行為の天皇の行為のほかに、天皇の国事行為に類する国家行為を認めることができるか否かについては、学説は分かれている。すなわち、天皇の行為は、私的行為と国事行為に2分できるが、純粋な私的行為とみることができない行為があった場合、それをどのように説明するかという課題である。

　従来、論じられてきたのは、天皇が国会開会式で行う「おことば」問題である。その他にも、天皇は、国家の公式行事に「おことば」を発する場合もあり（たとえば8月15日の戦没者慰霊祭など）、そのような行為が、天皇の私的行為といえるか否かが、争われている。通説は、「おことば」のような国事行為以外の天皇の事実行為を「象徴としての行為」として設定し、この「象徴としての行為」を内閣の「助言と承認」の下に置き、天皇の無答責制を確保すべきだと説く。ただし、「象徴としての行為」は、天皇が自らの意思で象徴天皇たらんと行動し、また天皇自身がこれを模索している現状をみると、つねに天皇の権能の拡大化をもたらす。したがって、儀礼的な「象徴としての行為」について、その量的限定と内閣による「助言と承認」の質的限定を施し、その行為の最小化が求められなければならない。この視点を欠けば、「象徴としての行為」の象徴性が政治化し、かえって天皇の地位の前提である国民統合の象徴性が傷つくからである。

## ② 憲法改正

### 1. 憲法改正の意味

　憲法は国家の骨の部分を表記した法文書である。**憲法改正**とは、

この国家の骨の部分を変える行為である。その点、法律の改正とは異なり、憲法改正は「この国のかたち」を変化させる大イベントである。憲法改正を軽くみることは誤りである。ヘヤー・スタイルが変わるのではなく、頭蓋骨自体の大手術だからである。ではその大手術はどのようにして行うのであろうか。

　まず、憲法改正を定義づけておこう。憲法改正とは、現憲法典に憲法改正手続を通じて、ある条項に修正・削除及び追加をし、あるいは新たな条項を設けて憲法典を増補することをいう。その規模は、憲法の一部の改正の場合もあるし全面改正もある。

　ときおり「**解釈改憲**」という言葉を聞くことがあろう。これは現憲法の正文の変更ではない。内閣が従来の政府解釈を変え、または新たに政府解釈を明らかにすることで、現憲法の法文の意味を違う形で解釈し直すことをいう。

## ２．憲法改正の手続

　憲法96条１項は「この憲法の改正は、各議院の総議員の３分の２以上の賛成で、国会が、これを発議し、国民に提案してその承認を経なければならない。この承認には、特別の国民投票又は国会の定める選挙の際行はれる投票において、その過半数の賛成を必要とする」と定めている。改正の流れのポイントは、(1)国会の発議、(2)国民投票である。

　**国会発議**の前に「憲法改正案の発案」が不可欠である。発案には衆議院議員100名以上または参議院議員50名以上の賛成が必要である（国会68条の２）。この発案にもとづき国会審議が開始されることとなる。

　次の手続が、国会発議である。憲法改正のための国会の発議とは、国会が憲法改正案を確定し、これを国民に発案することをい

う。この国会発議によって憲法改正は初めて次の段階に移行する。憲法改正案の発議の議決では、各議院（衆議院〔465名〕と参議院〔248名〕）のそれぞれ3分の2以上の賛成が必要である。この「総議員」の意味は、衆議院、参議院の先例にならって法定員数が妥当である。

　次の手続は国民の承認である。この承認は国民投票によって行われるが、そこでは**国民投票**の「過半数」の賛成が必要である。日本国憲法の改正手続に関する法律（憲改）3条によれば、「日本国民で18歳以上の者」が投票できると法定されている。また「過半数」の意味については、有効な投票総数の過半数である（憲改126条1項）。

　国民投票で憲法改正の承認を受けた後、「天皇は、国民の名で、この憲法と一体を成すものとして、直ちにこれを公布する」（96条2項）。天皇のこの公布行為は憲法上の義務であり、天皇はこれを拒否することはできない。


### 3．改正手続の諸課題

　国民投票を実際に行う場合には、色々な問題が予想される。特に投票技術上の問題ではあるが、投票技術の操作によって大きな結果の相違が生まれる。それは、国民投票のときにどうやって国民に発議内容を問うかという課題である。

　たとえば憲法9条に3項を新たに追加し、自衛軍の創設を認める条文を増補するだけであれば、「賛成」、「反対」のいずれかに「○」を付ければ、二者択一式なので結論は簡単に出る。しかし、その外に軍事裁判所の設置のための新規定の導入も合わせて、国民に聞くときには、両者一括式なのか、あるいはそれぞれ個別式なのかは改正手続法の上でも明確ではない。国会法68条の3によ

れば、国民投票は「内容において関連する事項ごとに区分して行うものとする」という法文であり、どこまでが「関連する事項なのか」は明確ではない。

　一括式を採用すれば、「自衛軍の増設はいやだけれども、軍事裁判所の設置はいい」という考えの有権者は、どのような投票をしたら良いのであろうか。逆に両者を切り離して、個別的に聞いた場合には、片方だけ「反対」票が多くなる場合もある。

　憲法の全面改正の場合は、おそらく一括式が採用されるであろう。個別条文の賛否を問うことが、法技術的に難しいからである。

　改正手続法は最低投票率制度を認めていない。というのもこの制度を導入すれば、国民投票ボイコット運動によって国民投票自体が成立しなくなるおそれがあるからである。有権者の過半数が国民投票に参加せず、残りの有権者だけで国民投票を法的に確定させることは適切ではないであろう。最低投票率制度を導入し、「全有権者の半数が投票しないときは、国民投票はこれを無効とする」といった制度改革が望まれる。


## ③　憲法環境の変化

　日本国憲法を改正するということは、この国の骨格を変えることである。「日本は大きくなったのであるから、服（＝憲法）もこれに合わせて新調すべきだ」という人がいる。しかし、日本国憲法は服ではなく、この国の骨格そのものである。ここ70年余、日本国憲法は一度も改正されていない。骨格自体は同一である。日本の憲法を変えたいと思っている人は、現代風に憲法の装いを変えるといいながらも、実際は日本の屋台骨の組み替えを考えている。

これまで憲法改正試案が色々公表されてきたが、一番インパクトのある憲法改正案は、2012年4月27日に公表決定された自由民主党「日本国憲法改正草案」である。この改正案の特色は、第一に、現在の日本国憲法にいくつか新しい条文を加えたり、削除するという形の憲法改正案ではなく、全面改正案である点である。事実上、日本国憲法の改正手続を踏まえながらも、新憲法制定と同じである。

第二に、この草案の前文の意味合いである。その憲法前文を紹介しておこう。

「日本国は、長い歴史と固有の文化を持ち、国民統合の象徴である天皇を戴く国家であって、国民主権の下、立法、行政及び司法の三権分立に基づいて統治される。我が国は、先の大戦による荒廃や幾多の大災害を乗り越えて発展し、今や国際社会において重要な地位を占めており、平和主義の下、諸外国との友好関係を増進し、世界の平和と繁栄に貢献する。日本国民は、国と郷土を誇りと気概を持って自ら守り、基本的人権を尊重するとともに、和を尊び、家族や社会全体が互いに助け合って国家を形成する。我々は、自由と規律を重んじ、美しい国土と自然環境を守りつつ、教育や科学技術を振興し、活力ある経済活動を通じて国を成長させる。日本国民は、良き伝統と我々の国家を末永く子孫に継承するため、ここに、この憲法を制定する」。

現代の人間の英知を結集させた文書が憲法典のはずである。人類が苦労して作り上げた憲法世界にこの「改正憲法」も参与するという姿勢はみられない。この「改正憲法」は「現憲法」との切断を意識して作られているため、日本国憲法が継受してきた人類の憲法思想までも切り捨ててしまっている。たとえば、日本国憲法前文にある「信託」という言葉は、J・ロックの憲法思想を反

映しており、「その権威は国民に由来し……」という言葉もリンカーンの**ゲティスバーグ演説**（1863年）の影響を受けている。「恐怖と欠乏からの自由」という言葉も**大西洋憲章**（Atlantic Charter ／ 1941年）の一節からの引用である。人類が命がけで獲得してきた権利と自由、時代ごとに人間社会が必要としてきた創造的価値。「改正草案」は、こうした人類智を意識的に切断し、「ニッポン」の特異性を国民に植え付けることに力点が置かれている。

　第三に、個別的条項にも問題がある。重要な条文だけ引用しておこう。

第12条（国民の責務）
　「この憲法が国民に保障する自由及び権利は、国民の不断の努力により、保持されなければならない。国民は、これを濫用してはならず、自由及び権利には責任及び義務が伴うことを自覚し、常に公益及び公の秩序に反してはならない」。

第13条（人としての尊重等）
　「全て国民は、人として尊重される。生命、自由及び幸福追求に対する国民の権利については、公益及び公の秩序に反しない限り、立法その他の国政の上で、最大限に尊重されなければならない」。

第20条3項（信教の自由）
　「国及び地方自治体その他の公共団体は、特定の宗教のための教育その他の宗教的活動をしてはならない。ただし、社会的儀礼又は習俗的行為の範囲を超えないものについては、この限りでない」。

第9条の2（国防軍）
　「1　我が国の平和と独立並びに国及び国民の安全を確保するため、内閣総理大臣を最高指揮官とする国防軍を保持する。
　2　国防軍は、前項の規定による任務を遂行する際は、法律の定めるところにより、国会の承認その他の統制に服する。
　3　国防軍は、第一項に規定する任務を遂行するための活動のほか、

　　法律の定めるところにより、国際社会の平和と安全を確保するた
　　めに国際的に協調して行われる活動及び公の秩序を維持し、又は
　　国民の生命若しくは自由を守るための活動を行うことができる。
　4　前二項に定めるもののほか、国防軍の組織、統制及び機密の保
　　持に関する事項は、法律で定める。
　5　国防軍に属する軍人その他の公務員がその職務の実施に伴う罪
　　又は国防軍の機密に関する罪を犯した場合の裁判を行うため、法
　　律の定めるところにより、国防軍に審判所を置く。この場合にお
　　いては、被告人が裁判所へ上訴する権利は、保障されなければな
　　らない」。

　諸君はこの条文をどう思うであろうか。現憲法の「個人」は、
削除され、動物と区別された「人」（改正13条）の尊重へと転換さ
れている。個人主義に基づく自由保障よりも、「滅私奉公」を国
民に求め、国家が付き合いたい宗教との結びつきを深くする。自
衛のための自衛隊すら邪魔な存在であり、新たに「国防軍」を創
設し、通常裁判所とは異なる審判所（軍法会議）の設置も追加さ
れる。これが21世紀の日本の「国のかたち」として世界に誇る文
明としての憲法なのであろうか。


## 4　創造と想像

　日本国憲法13条の「すべて国民は、個人として尊重される」と
いう法文に違和感をもつ人たちは、「私」よりも「公」を重視す
る傾向にある。若年犯罪者の増加、学級崩壊、モンスター・ペア
レントの登場の原因は、日本国憲法が信奉する個人主義にあると
いう極論さえみられる。その一方で、反個人主義的な思考をもっ
た人たちは、状況によって個人主義の意味を使い分けている。個

人が絶対譲れない心の内奥の問題では、国旗国歌を優先させる。個人が低賃金の派遣労働者にならざるを得ないときは、個人の資質を問題にし自己責任論を展開する。憲法を学んできた諸君の眼差しは、那辺に向かっているであろうか。憲法の法文が法文通りに働いていたならば、回避できたはずの問題は何であるかをもう知っているであろう。

　教師は人作りを職業とする。諸君はどんな人作りに参加したいのであろうか。大学教師である私は、常に作ることに価値を置き、壊すことにいつも嫌悪を感じ取ってきた。積み木を重ねる作業よりも、これを壊すことに価値を置いたことは一度もない。教師は常に創造に意義を見出すことをその業とする。破壊、暴力、戦争は教育とは対極にある。

　「この国のかたち」の創造は、人々の日々の努力から生まれる。日常的に見聞きするニュース、事件。その中で自分が被害者だと想像してみるがいい。痛みを想像し、共有すること。そしてささやかでもいいから体を動かすこと。その動作は「上に強く、下に優しく」である。次第に諸君は立派な教師になって行くであろう。

**Book Guide ●**

朝日新聞「新聞と戦争」取材班『新聞と戦争』（朝日新聞出版、2008年）

奥平康弘ほか編『改憲の何が問題か』（岩波書店、2013年）

斉藤貴男『ルポ 改憲潮流』（岩波新書、2006年）

法律時報編集部編『法律時報増刊 「憲法改正論」を論ずる』（日本評論社、2013年）

# 憲法学習参考文献一覧

　ここに掲げる文献は、現在入手可能でありかつ初学者にとっても読みやすい書物に限定している。まず図書館で現物を手に取り、使いやすいものを利用してノート作りの参考にして欲しい。

## 【学習用六法全書】
『ポケット六法』（有斐閣）
『判例六法』（有斐閣）
『デイリー六法』（三省堂）
『解説 教育六法』（三省堂）

## 【テキスト】
芦部信喜／高橋和之補訂『憲法〔第7版〕』（岩波書店、2019年）
浦部法穂『憲法学教室〔全訂第3版〕』（日本評論社、2016年）
加藤一彦『憲法〔第4版〕』（法律文化社、2023年）
高橋和之『立憲主義と日本国憲法〔第5版〕』（有斐閣、2020年）
辻村みよ子『憲法〔第7版〕』（日本評論社、2021年）
野中俊彦ほか『憲法〔第5版〕Ⅰ・Ⅱ』（有斐閣、2012年）
長谷部恭男『憲法〔第7版〕』（新世社、2018年）
樋口陽一『憲法Ⅰ』（青林書院、1998年）
樋口陽一『憲法〔第4版〕』（勁草書房、2021年）

## 【学習用判例集】
長谷部恭男ほか編『憲法判例百選Ⅰ・Ⅱ〔第7版〕』（有斐閣、2019年）
野中俊彦ほか編『憲法判例集〔第10版〕』（有斐閣新書、2008年）
兼子仁編『教育判例百選〔第3版〕』（有斐閣、1992年）
柏﨑敏義・加藤一彦編著『新憲法判例特選〔第3版〕』（敬文堂、2021年）

**【コンメンタール／注釈書】**

木下智史・只野雅人編『新コンメンタール憲法〔第2版〕』（日本評論社、2019年）

芹沢斉ほか編『新基本法コンメンタール憲法』（日本評論社、2011年）

樋口陽一ほか『注解法律学全集 憲法Ⅰ－Ⅳ』（青林書院、1994年）

宮沢俊義／芦部信喜補訂『全訂 日本国憲法』（日本評論社、1978年）

長谷部恭男編『注釈日本国憲法 (2)・(3)』（有斐閣、2017：2020年）

**【辞典・事典】**

高橋和之ほか編『法律学小辞典〔第5版〕』（有斐閣、2016年）

大須賀明ほか編『憲法辞典』（三省堂、2001年）

杉原泰雄編『体系憲法事典〔新版〕』（青林書院、2008年）

**【資料集】**

浅野一郎ほか編『憲法答弁集』（信山社、2003年）

初宿正典ほか編著『目で見る憲法〔第5版〕』（有斐閣、2018年）

奥脇直也編集代表『国際条約集』（有斐閣）

初宿正典／辻村みよ子編『新解説 世界憲法集〔第5版〕』（三省堂、2020年）

高橋和之編『新版 世界憲法集』（岩波文庫、2007年）

樋口陽一／大須賀明編『日本国憲法資料集〔第4版〕』（三省堂、2000年）

樋口陽一／大須賀明編『憲法の国会論議』（三省堂、1994年）

**【改憲問題】**

樋口陽一『憲法 近代知の復権へ』（平凡社、2013年）

同　　　『いま、「憲法改正」をどう考えるか』（岩波書店、2013年）

山内敏弘『改憲問題と立憲平和主義』（敬文堂、2012年）

渡辺　治『安倍政権と日本政治の新段階』（旬報社、2013年）

# 資料：教育関係重要法文書

**教育ニ關スル勅語**（教育勅語／明治23年〔1890年〕10月30日）

朕惟フニ我カ皇祖皇宗國ヲ肇ムルコト宏遠ニ德ヲ樹ツルコト深厚ナリ我カ臣民克ク忠ニ克ク孝ニ億兆心ヲ一ニシテ世々厥ノ美ヲ濟セルハ此レ我カ國體ノ精華ニシテ教育ノ淵源亦實ニ此ニ存ス爾臣民父母ニ孝ニ兄弟ニ友ニ夫婦相和シ朋友相信シ恭儉己レヲ持シ博愛衆ニ及ホシ學ヲ修メ業ヲ習ヒ以テ智能ヲ啓發シ德器ヲ成就シ進テ公益ヲ廣メ世務ヲ開キ常ニ國憲ヲ重シ國法ニ遵ヒ一旦緩急アレハ義勇公ニ奉シ以テ天壤無窮ノ皇運ヲ扶翼スヘシ是ノ如キハ獨リ朕カ忠良ノ臣民タルノミナラス又以テ爾祖先ノ遺風ヲ顯彰スルニ足ラン

斯ノ道ハ實ニ我カ皇祖皇宗ノ遺訓ニシテ子孫臣民ノ倶ニ遵守スヘキ所之ヲ古今ニ通シテ謬ラス之ヲ中外ニ施シテ悖ラス朕爾臣民ト倶ニ拳々服膺シテ咸其德ヲ一ニセンコトヲ庶幾フ


**教育勅語等排除に関する決議**（昭和23年〔1948年〕6月19日衆議院決議）

民主平和國家として世界史的建設途上にあるわが國の現実は、その精神内容において未だ決定的な民主化を確認するを得ないのは遺憾である。これが徹底に最も緊要なことは教育基本法に則り、教育の革新と振興とをはかることにある。しかるに既に過去の文書となつている教育勅語並びに陸海軍軍人に賜わりたる勅諭その他の教育に関する諸詔勅が、今日もなお國民道徳の指導原理としての性格を持続しているかの如く誤解されるのは、從來の行政上の措置が不十分であつたがためである。

思うに、これらの詔勅の根本的理念が主権在君並びに神話的國体観に基いている事実は、明かに基本的人権を損い、且つ國際信義に対して疑点を残すもととなる。よつて憲法第九十八條の本旨に従い、ここに衆議院は院議を以て、これらの詔勅を排除し、その指導原理的性格を認めないことを宣言する。政府は直ちにこれらの詔勅の謄本を回収し、排除の措置を完了すべきである。

右決議する。

**教育勅語等の失効確認に関する決議**（昭和23年〔1948年〕6月19日参議院決議）

　われらは、さきに日本国憲法の人類普遍の原理に則り、教育基本法を制定して、わが国家及びわが民族を中心とする教育の誤りを徹底的に払拭し、真理と平和とを希求する人間を育成する民主主義的教育理念をおごそかに宣明した。その結果として、教育勅語は、軍人に賜はりたる勅諭、戊申詔書、青少年学徒に賜はりたる勅語その他の諸詔勅とともに、既に廃止せられその効力を失つている。

　しかし教育勅語等が、あるいは従来の如き効力を今日なお保有するかの疑いを懐く者あるをおもんばかり、われらはとくに、それらが既に効力を失つている事実を明確にするとともに、政府をして教育勅語その他の諸詔勅の謄本をもれなく回収せしめる。

　われらはここに、教育の真の権威の確立と国民道徳の振興のために、全国民が一致して教育基本法の明示する新教育理念の普及徹底に努力をいたすべきことを期する。

　右決議する。


## 1947年旧教育基本法

　われらは、さきに、日本国憲法を確定し、民主的で文化的な国家を建設して、世界の平和と人類の福祉に貢献しようとする決意を示した。この理想の実現は、根本において教育の力にまつべきものである。

　われらは、個人の尊厳を重んじ、真理と平和を希求する人間の育成を期するとともに、普遍的にしてしかも個性ゆたかな文化の創造をめざす教育を普及徹底しなければならない。

　ここに、日本国憲法の精神に則り、教育の目的を明示して、新しい日本の教育の基本を確立するため、この法律を制定する。

第1条（教育の目的）　教育は、人格の完成をめざし、平和的な国家及び社会の形成者として、真理と正義を愛し、個人の価値をたつとび、勤労と責任を重んじ、自主的精神に充ちた心身ともに健康な国民の育成を期して行われなければならない。

第2条（教育の方針）　教育の目的は、あらゆる機会に、あらゆる場所に

おいて実現されなければならない。この目的を達成するためには、学問の自由を尊重し、実際生活に即し、自発的精神を養い、自他の敬愛と協力によつて、文化の創造と発展に貢献するように努めなければならない。

第3条（教育の機会均等）　すべて国民は、ひとしく、その能力に応ずる教育を受ける機会を与えられなければならないものであつて、人種、信条、性別、社会的身分、経済的地位又は門地によつて、教育上差別されない。
2　国及び地方公共団体は、能力があるにもかかわらず、経済的理由によつて修学困難な者に対して、奨学の方法を講じなければならない。

第4条（義務教育）　国民は、その保護する子女に、九年の普通教育を受けさせる義務を負う。
2　国又は地方公共団体の設置する学校における義務教育については、授業料は、これを徴収しない。

第5条（男女共学）　男女は、互に敬重し、協力し合わなければならないものであつて、教育上男女の共学は、認められなければならない。

第6条（学校教育）　法律に定める学校は、公の性質をもつものであつて、国又は地方公共団体の外、法律に定める法人のみが、これを設置することができる。
2　法律に定める学校の教員は、全体の奉仕者であつて、自己の使命を自覚し、その職責の遂行に努めなければならない。このためには、教員の身分は、尊重され、その待遇の適正が、期せられなければならない。

第7条（社会教育）　家庭教育及び勤労の場所その他社会において行われる教育は、国及び地方公共団体によつて奨励されなければならない。
2　国及び地方公共団体は、図書館、博物館、公民館等の施設の設置、学校の施設の利用その他適当な方法によつて教育の目的の実現に努めなければならない。

第8条（政治教育）　良識ある公民たるに必要な政治的教養は、教育上これを尊重しなければならない。
2　法律に定める学校は、特定の政党を支持し、又はこれに反対するための政治教育その他政治的活動をしてはならない。

第9条（宗教教育）　宗教に関する寛容の態度及び宗教の社会生活における地位は、教育上これを尊重しなければならない。

2　国及び地方公共団体が設置する学校は、特定の宗教のための宗教教育その他宗教的活動をしてはならない。

第10条（教育行政）　教育は、不当な支配に服することなく、国民全体に対し直接に責任を負つて行われるべきものである。

2　教育行政は、この自覚のもとに、教育の目的を遂行するに必要な諸条件の整備確立を目標として行われなければならない。

第11条（補則）　この法律に掲げる諸条項を実施するために必要がある場合には、適当な法令が制定されなければならない。

# キーワード索引

(本文中のゴシック表記を50音順に列記)

**著者略歴**

**加藤　一彦**（かとう　かずひこ）

| | |
|---|---|
| 1959年4月 | 東京生 |
| 1982年3月 | 獨協大学法学部卒業 |
| 1988年3月 | 明治大学大学院法学研究科博士後期課程修了 |
| 現　在 | 東京経済大学現代法学部教授　博士（法学） |
| | 憲法学、議会政治論専攻 |

【主著】

『政党の憲法理論』（単著／有信堂、2003年）
『現代憲法入門ゼミ50選』（編著／北樹出版、2005年）
『議会政治の憲法学』（単著／日本評論社、2009年）
『憲法〔第3版〕』（単著／法律文化社、2017年）
『議会政の憲法規範統制』（単著／三省堂、2019年）
『新憲法判例特選〔第3版〕』（編著／敬文堂、2021年）
『フォーカス憲法』（編著／北樹出版、2020年）
『現代憲法入門講義〔新6版〕』（編著／北樹出版、2021年）
『非常時法の憲法作用』（単著／敬文堂、2022年）

**教職教養憲法15話（改訂五版）**

| | |
|---|---|
| 2009年2月20日 | 初版第1刷発行 |
| 2011年5月10日 | 初版第2刷発行 |
| 2012年4月1日 | 改訂版第1刷発行 |
| 2013年4月1日 | 改訂版第2刷発行 |
| 2014年4月15日 | 改訂二版第1刷発行 |
| 2014年10月20日 | 改訂二版第2刷発行 |
| 2016年3月1日 | 改訂三版第1刷発行 |
| 2017年9月15日 | 改訂三版第2刷発行 |
| 2020年3月1日 | 改訂四版第1刷発行 |
| 2022年12月20日 | 改訂四版第3刷発行 |
| 2023年9月1日 | 改訂五版第1刷発行 |

| | |
|---|---|
| 著　者 | 加藤一彦 |
| 発行者 | 木村慎也 |
| 印刷 | 新灯印刷／製本　和光堂 |

発行所　株式会社　北樹出版

〒153-0061　東京都目黒区中目黒1-2-6
電話(03)3715-1525(代表)　FAX(03)5720-1488